혼돈 속의

혼돈

"

어느 시대에나 증권분석가와 기자들은
주식시장이 갈수록
더 불투명해진다고 말한다.
하지만 이것은 완전히 틀린 말이다.

주식시장은 어느 때고 할 것 없이
항상 불투명했다.
그렇지 않다면
더는 주식시장이라 할 수 없을 것이다.

이미 300여 년 전에
조셉 드 라 베가는 주식시장을
'혼돈 속의 혼돈'이라고
표현하지 않았던가!

"

_ 앙드레 코스톨라니

1688, 세계 최초의 주식투자 설명서!

혼돈 속의 혼돈

CONFUSION DE CONFUSIONES

조셉 드 라 베가 지음
조성숙 옮김 | 김영익 감수

Sb
smart business

감수의 글

17세기 주식 책, 21세기 '주식투자 지침서'가 되다!

김영익(서강대 경제대학원 교수)

《혼돈 속의 혼돈》은 17세기 네덜란드 개미투자자였던 조셉 드 라 베가Joseph de la Vega, 이하 베가가 자신의 투자 경험을 통해 주식투자의 방향을 제시한 책이다. 이 책은 1688년 암스테르담에서 집필된 세계 최초의 주식 관련 책으로서, 오늘날까지도 많은 투자자와 학자들에게 관심의 대상이 되고 있다.

유럽 '주식의 신'이라 불리는 앙드레 코스톨라니가 "모든 주식투자자에게 추천하고 싶다."라고 격찬한 책이기도 하다. 코스톨라니는 1688년에 출간된 초판본을 구입하려고 경매에 참여했으나, 18,000파운드에 낙찰한 일본인이 사 가서 구할 수 없었다고 아쉬움을 토로하기도 했다.

출판사 〈스마트비즈니스〉가 이 책을 번역하여 출간한다는 소식을 듣고 반갑기 그지없었다. 독자들께서 책을 읽어보면 알겠지만, 그때나 지금이나 투자에 있어서 인간의 행동 편향성은 변하지 않았다.

투자의 역사에서 교훈을 얻고 싶은 독자들에게나 주식투자자뿐만 아니라 증권업에 종사하는 분들에게 특별한 인사이트를 줄 책이라고 감히 말씀드리고 싶다.

베가가 실제 주식투자를 했던 17세기 초 네덜란드에서는 현대적 의미의 주식회사와 이 회사의 주식을 거래하는 증권거래소가 탄생했다. 당시 부족한 자금을 국민들의 돈을 모아 회사를 설립할 수 있다는 아이디어가 등장했다. 이렇게 탄생한 회사가 바로 네덜란드 '동인도회사'Verenigde Oost-Indische Compagnie, VOC다.

이 회사 주식을 편리하게 거래하기 위해서 만들어진 것이 세계 최초의 증권거래소, 암스테르담 증권거래소였다. 베가는 실전투자자로서 당시 증권거래소의 관행들Puts, Calls, Pools, Manipulations에 대해 상세하게 기술했다. 당시에도 오늘날의 선물과 같은 파생시장 상품이 있었다는 것이 놀라울 정도다.

베가는 서문에서 이 책을 쓰게 된 세 가지 동기를 밝히고 있다. **첫째는 그 자신의 유희를 위해서였다. 둘째는 주식 거래를 하지 않는 사람들을 위해 현존하는 모든 책을 통틀어 가장 정직하고, 가장 유용한 주식 거래 설명서를 쓰고 싶다는 바람에서였다. 셋째는 나쁜 사람들이 주식을 거래할 때 쓰는 온갖 술수와 수법을 정확하고 완전하게 설명하기 위해서였다.**

사람들에게 증권거래소에서 횡행하는 사기술과 악당들의 모습을 폭로함으로써, 투기 세상에 뛰어들지 말라고 경고하려는 목적도 포함돼 있었다.

이 책은 철학자, 상인, 주주, 세 명이 나누는 4부의 대화로 구성돼 있다. 책 제목이 《혼돈 속의 혼돈》인데, 베가는 혼돈을 이렇게 요약하고 있다.

"투기꾼들은 입만 열면 오직 주식 얘기였다. 어딜 뛰어가면 주식 때문이었다. 가만히 서 있어도 그 역시 주식 때문이었고, 어딘가 쳐다보고 있으면 주식을 보고 있는 거였다. 깊이 생각에 잠겨 있으면 주식을 생각하는 거였고, 뭔가 먹고 있으면 그것도 주식투자에서 나온 거였다. 공부하면 주식에 대한 공부였고, 항상 주식에 대한 환상을 꿈꿨다. 병들어 죽는 자리에도 주식 걱정만 했다."

베가가 말하는 '혼돈' 정도는 아니더라도 2021년 전후 우리나라에서 '동학개미운동'이라는 말이 나올 정도로 주식투자 열풍이 불었다.

"주식이란 무엇인가?"라는 철학자의 질문에, 주주는 다음과 같이 대답한다.

"이 사업은 유럽에서 가장 공정하면서도 가장 부당하고, 세상에서 가장 고결하면서도 가장 악명 높고, 지상에서 가장 순수하면서도 가장 저속한 사업이지요. 이것은 똑똑한 자에게는 시금석이요, 담대한 자에게는 묘비지요. 유용함의 보고이자 재앙의 원천이며, 한순간도 쉬지 못하는 시시포스의 맞수이자, 불의 바퀴에 사슬로 묶여 영원히 지하 세계를 떠돌아야 하는 익시온 그리스 신화에 나오는 인물로 불경죄를 지어 불타는 수레바퀴에 묶인 채 끝없는 회전을 계속했다의 맞수기도 합니다."

그러면 어떤 사람들이 주식 거래에 뛰어드는가? 베가는 제후, 상인, 투기꾼이라는 세 무리로 구분한다.

첫 번째 무리는 금력이 큰 제후들과 대자본가들로, 물려받거나 직접 산 주식에서 매년 배당받는 이들이다. 그들의 관심은 주가가 오르든 내리든 신경쓰지 않고 배당으로 받게 되는 수익이다. 오늘날 우리나라 기업의 일부 대주주에 해당한다.

두 번째 무리는 상인이다. 그들은 주식을 사서 가격이 오르면, 그때 가서 주식을 판다. 아니면 현금을 치르지 않고 주식을 사지만, 미래의 특정 일에 더 높은 가격에 인도하기로 약속하면서 곧바로 매도를 시도한다. 오늘날 대부분 투자자가 여기에 속한다.

세 번째 무리는 도박꾼들과 투기꾼들이다. 그들은 얼마를 벌든 그 액수의 규모를 자신들이 직접 정하려고 하는 자들이다. 그들은 원하는 결과를 만들어내려고 하지만 현실은 전혀 다를 수 있다.

저자는 대화 ④에서 거래소에서 일어났던 다양한 투기 사례를 제시하고 있다. 투기꾼들은 엄두도 내지 못할 정도로 탁월한 술수를 발휘하며 투기하다가 숨을 곳을 찾고, 사실을 은폐하고,

싸움하고, 도발하고, 조롱하고, 노닥거리고, 격렬하게 욕망하고, 결탁하고, 예술적으로 사기를 치고, 배신하고, 속임수를 쓰고, 심지어는 비극적인 결말을 맞이하게 된 것에 대해서도 변명거리를 찾는다.

주가 전망에 대해서도 시장의 다양한 견해를 황소와 곰으로 비유하고 있다. 황소들은 어떤 것에도 두려워하지 않는 기린과도 같고, 귀부인들의 거울에 비친 모습을 실제보다 훨씬 아름다워 보이게 해줬던 쾰른 선제후의 마법사와도 같다.

황소들은 모든 것을 사랑하고, 모든 것을 찬양하고, 모든 것을 과장한다. 황소들은 자신들의 수법이 부를 의미하며, 무덤에서도 작물이 자라날 것이라고 대중을 현혹한다. 그들은 공격해오는 뱀을 보면 인도인들처럼 맛있는 별미를 만났다고 생각한다. 황소들은 불길에 당황하지도 않고, 참패에 마음이 흔들리지도 않는다.

반대로 곰들은 두려움, 공포, 초조함에 완전히 지배당한다. 그들에게는 토끼가 코끼리로 보이고, 여관의 작은 쌈박질이 혁명이고, 어슴푸레한 그림자는 불길한 혼돈의 징조다.

그러니 혹여라도 아프리카에 당나귀 노릇을 하는 양이 있고 심지어 말 역할을 하는 숫양까지 있다면, 이 곰들의 눈에는 모든 난쟁이가 다 거인으로 보일 수 있다는 것도 그렇게 불가사의한 일은 아니지 않겠느냐는 것이다.

일부 언론에서 나를 '닥터 둠'이라 부른다. 2008년 미국의 금융위기, 2020년 급격한 경기 침체와 주가 급락을 예고했기 때문이었다물론 코로나19 팬데믹으로 그런 일이 발생할지는 상상하지도 못했다. 그리고 2021년 상반기에 코스피가 3,300을 넘었을 때 2,200까지 하락할 것이라 전망했는데, 실제 코스피는 그 이하로 떨어졌다.

그러나 주식시장에서 내가 항상 '곰'은 아니었다. 2000~2006년에는 많은 펀드매니저들이 나를 '황소'로 불러준 적이 있었다. 내가 가지고 있는 데이터에 따라 때로는 '곰', 때로는 '황소'였던 것이다.

그러나 주가는 장기적으로 상승해왔다. 멀리는 황소가 이겼고 곰은 졌다. 때로는 곰의 이야기에 귀기울이면서 리스크를 관리하는 것이 좋지만, 곰의 목소리가 지나치게 커질 때 주식시장에서 돈을 벌 수 있는 중요한 기회였다.

베가의 《혼돈 속의 혼돈》의 백미는 대화 ②에 있다. 여기서 베가는 주식투자자가 반드시 지켜야 할 4가지 수칙을 제시하고 있다. 번역서의 내용을 그대로 옮긴다.

"**첫 번째 수칙 : 절대로 그 누구에게든지 주식을 매수하라, 매도하라 조언하지 마라.** 통찰력이 떨어진 사람에게는 아무리 선의로 한 조언이라도 결과가 안 좋을 수 있기 때문이다."

"**두 번째 수칙 : 놓친 이익을 안타까워하거나 후회하지 말고 챙길 수 있는 이득은 다 챙겨라.** 유리한 국면이 계속되는 행운이 지속되기를 바라지 말고, 취할 수 있는 것을 누리는 것이 현명한 행동이다. 뱀장어가 도망가는 속도는 생각보다도 더 빠르기 때문이다."

"**세 번째 수칙 : 주식 거래로 버는 이익은 고블린의 보물**유럽 설화에 등장하는 도깨비 또는 사악한 요정을 의미하며, 반짝이는 물건을 좋아해 보이는 대로 다 훔친다고 한다 **같은 것이다.** 어느 순간에는 카벙클루비, 석류석처럼 붉은색을 띠는 보석을 둥글게 연마한 것이던 것이 석탄 조각이 되었다가, 다시 다이아몬드나 부싯돌이고, 또 어떤 때는 아침 이슬이거나 눈물로 바뀔 수 있다."

"**네 번째 수칙 : 가치는 지속되기 힘들고 소문은 진실에 기반하**

는 일이 드물기에, 이 게임에서 이기길 바라는 사람은 누구든 인내와 돈을 갖고 있어야 한다."

베가가 제시한 이 4가지 수칙은 300여 년이 지난 지금의 주식시장에서도 변함없는 교훈으로 남아 있다. 증권회사를 떠난 지 10년이 넘었지만, 나는 아직도 주식 매수와 매도를 권유하고 있다. 선의였지만 일부 반응은 그와는 달랐다.

두 번째와 세 번째 수칙과 관련된 사례가 최근에 우리 주식시장에서도 발생했다. 일부 투기꾼들에 의해 몇 개 종목이 급등 후 급락했다. 대화 ④를 읽고 투기꾼의 속임수에 넘어가지 말아야 할 것이다. 주식시장에 살아남기 위해서는 인내가 필요하다는 네 번째 수칙도 투자자라면 가슴에 새겨야 한다.

역사에서 투자의 교훈을 얻고 싶은 독자들에게, 투자나 증권업에 종사하며 업의 기원을 알고 싶어하는 분들에게 정독을 권한다. 나 역시 주식시장에서 인간의 행동을 이해하는 데 큰 도움을 받았다.

읽기 전에

이 책을 이해하기 위한 예비지식

: 17세기 네덜란드 암스테르담 주식시장 :

네덜란드는 세계 최초의 '현대적 경제'로서 면모를 보인 나라입니다. 지금의 서구 경제 모델의 핵심 요소가 17세기 초 네덜란드에서 등장했지요.

또한 주식 거래도 네덜란드에서 처음 등장했습니다. 주식시장도 그리고 주식시장을 통해 기업이 자본을 조달한다는 개념도 17세기 네덜란드에서 시작한 것이지요.

세계 경제의 중축을 떠올릴 때 네덜란드가 바로 나오지 않을 수도 있습니다. 하지만 네덜란드는 꽤 오랫동안 영향력을 펼쳤고, 그 영향력의 시작은 네덜란드의 유구한 주식시장과 함께합니다.

17세기 유럽의 강대국들은 막대한 자본을 이용하여 인도와 중국 등의 나라와 무역을 통해 큰 이익을 남기고 있었습니다. 하지만 상대적으로 자본이 적었던 네덜란드는 한 가지 방법을 고안했는데, 그것이 바로 부족한 자금을 국민들로부터 투자를 받는 것이었지요.

그렇게 탄생한 회사가 바로 '네덜란드 동인도회사Verenigde Oost-Indische Compagnie, VOC'입니다. 《하멜 표류기》를 쓴 하멜이 바로 네덜란드 동인도회사 소속 선박 선원이었지요. 조선에서 무려 13년 동안이나 억류되어 있다가 우여곡절 끝에 일본으로 탈출해서, 1668년 네덜란드로 귀국했습니다. 귀국한 하멜은 동인도회사에 13년간 받지 못한 임금을 청구했고, 이에 대한 증거로 써서 낸 게 《하멜 표류기》입니다.

국민들의 돈을 모아 전 세계를 대상으로 무역 활동을 할 회사를 설립한 것이 네덜란드 동인도회사지요. 국민들의 투자가 많아질수록 투자자들에게 받은 투자금에 대한 수익 배분이 어려워질 때,

네덜란드 정부는 수익 배분의 새로운 방법을 생각해냈습니다.

그것은 바로 투자자들에게 받은 투자금을 한 곳에 모아 놓은 뒤, 투자자들에게 투자금에 대한 소유권을 나타내는 증서를 발행해주는 것이었습니다.

이는 세계 최초의 주식이 되었으며, 투자자들이 회사의 실물자산을 보유하는 것에서 간접자산도 가질 수 있음을 증명하는 첫 번째 사례가 되었지요.

그 당시 네덜란드 시민이라면 모두 동인도회사에 지대한 관심을 가지고 있었습니다. 동인도회사의 이사로 있던 디르크 판 오스의 자택에서 진행된 투자자 모집에 많은 사람이 참여했습니다. 그중에는 디르크 판 오스의 집에서 일하던 하녀도 있었지요. 그 하녀가 자그마치 일 년 치 봉급의 절반을 투자할 정도로, 동인도회사의 주식은 선풍적인 인기를 끌었습니다.

결과적으로 총 1,143명의 투자자가 650만 휠던당시 가치로 40억 원, 오늘날 가치로 1,500억 원 수준을 사업 자금으로 출자했습니다.

네덜란드 동인도회사가 큰 성공을 거두면서 투자자들은 자신이 가지고 있는 주식만큼 배당금을 받게 되면서, 많은 이득을 얻게 되었습니다. 그 시절 동인도회사의 수익과 배당금은 어땠을까요? 당시 아시아를 다녀오는 네덜란드 선박의 수익률은 무려 400%에 달했습니다. 투자자들은 높은 수익률 덕분에 배당수익만으로도 매년 20% 넘게 가져갔다고 합니다.

하지만 성공하기 이전에는 동인도회사에 대한 지분을 20년 동안 가질 만한 회사라는 믿음이 없는 사람들과 지금이라도 지분을 구입해 수익을 거두고 싶어 하는 사람들이 생겼지요. 그래서 동인도회사는 **'회사의 회계책임자 관할하에 지분의 양도 및 명의 변경이 가능하다'라는 규정을 새롭게 만들게 되었습니다.**

세계 최초 증권거래소에는 주식회사의 증권이라는 개념이 없었습니다. 주주들의 이름과 지분을 기록한 장부가 있었을 뿐이지요. 주식의 소유권을 이전할 때도 종이로 증서를 주고받은 게 아니라, 회계담당자가 갖고 있는 장부를 고치는 식으로 이뤄졌습니다. 증권이라는 종이 형태의 물건이 나타나게 된 것은 한참 후의 일입니다.

그런 의미에서 17세기의 주식 거래는 21세기의 주식 거래와 닮았습니다. 종이로 된 장부를 쓰느냐, 컴퓨터 서버에 기록된 장부를 쓰느냐의 차이일 뿐 현물 증서의 이동은 없으니까요.

무엇보다 주식회사의 초창기에는 주주가 회사의 주인이라는 개념도 없었습니다. 주주는 몇 년에 한 번씩 배당금을 받는 투자자에 불과했지요. 주주는 회사의 주인이 아니라 주식 증권의 주인일 뿐이었습니다.

인터넷을 통해 몇 초 만에 거래가 이뤄지는 현재와는 다르게, 당시에는 지분의 거래를 위해서 상당히 수고로운 과정을 거쳐야 했습니다. 앞서 언급된 회사의 규정에서 '회사의 회계책임자 관할하에'라는 조건이 보여주듯, 회사의 지분을 사고팔기 위해서는 까다로운 절차가 필요했지요.

바로 지분을 사려는 사람과 팔려는 사람이 함께 암스테르담에 있는 동인도회사 건물로 가서, 회사의 회계책임자가 보는 앞에서 기록을 남겨야 했습니다.

이 과정은 세 개의 주체, 즉 회사와 두 명의 투자자가 있는 복잡한 상황이었지요. 이런 복잡한 과정에 사람들은 중개인의 필요성을 느끼게 되었습니다. 그렇게 탄생한 것이 세계 최초의 증권거래소, 암스테르담 증권거래소였습니다.

증권거래소는 회사의 주식을 가지고 있는 사람들이 주식을 돈으로 바꿀 기회를 주기 위한 장소였습니다. 증권거래소의 등장으로 주식 거래는 더욱더 활발해졌으며, 투자자들의 위험을 줄여주는 효과를 가져오기도 했습니다.

17세기 네덜란드의 다른 도시에서도 증권 거래가 행해졌지만, 가장 규모가 크고 거래도 활발한 곳이 바로 암스테르담이었습니다. 증권 거래 규모가 대단히 컸기 때문에, 17세기 초 암스테르담 주정부는 거래 활성화 방안을 모색했지요. 그 결과 주식 거래의 편의를 도모하기 위해 거래소은행도 설립했습니다.

또한 상인들이 정기적으로 모임을 가지는 장소로써 상인 전용 거래소인 헨드릭 더 케이서르 거래소Hendrick de Keyser Exchange도 세웠습니다. 이렇게 해서 네덜란드는, 그중에서도 암스테르담은 세계 주식 거래와 자본 중심지로 성장했지요.

처음 주식 거래는 주식을 살 사람과 팔 사람이 직접 회사에 찾아와 장부에 사인을 했습니다. 하지만 그 절차가 복잡하고, 번거롭고, 거래가 많아지면서 일일이 회사를 찾아오기가 어려웠습니다. 그래서 사람들은 신뢰를 바탕으로 사사로이 계약을 맺기 시작했지요. 굳이 장부를 확인하지 않고도 얼마의 주식을 샀다는 계약서만 만들면 계약이 성립되었습니다.

얼마 후에는 가지고 있지 않은 주식을 먼저 팔고, 나중에 새로 주식을 사서 건네주는 선물 거래도 시작되었습니다. 1688년 네덜란드 수도, 암스테르담의 풍경에 대한 기록을 볼까요.

"오늘날 낯선 이를 암스테르담 거리로 데려간 다음, 그에게 '지금 어디에 있는 것 같냐'고 물어보라. 그러면 그는 틀림없이 '투기꾼들 사이에 있다'라고 대답할 것이다. 암스테르담에는 그 어느 거리에서든 주식에 대해 이야기하고 있기 때문이다. 거래는 악수를 통해서 이뤄지고, 악수 뒤에는 고함이, 고함 뒤에는 모욕이, 모욕 뒤에는 더 많은 모욕과 고함이 뒤따른다."

사람 대 사람으로 거래하는 과정이 일상화되면서, 투자자들은 대체적으로 1년 후의 가격을 미리 책정하는 방식을 사용했습니다. 그 기준은 거래하는 사람에 따라 달랐지만, 일반적으로 당시의 1년 금리는 7.5%였습니다. 즉 현재 가격이 100이라면 1년 후에는 일반적인 상황에서 107.5일 것이라고 가정하고, 이를 바탕으로 회사의 호재나 악재를 예상하여 거래 당사자가 가격을 설정했지요.

하지만 문제는 이러한 거래 방식이 아닌, 일반 암스테르담 시민들이 생각하지 못한 새로운 방식을 이용하여 큰 이익을 남기는 사람이 등장하면서 시작되었습니다. 그 사람이 바로 '아이작 르 매르'입니다. 동인도회사의 초기 설립자 중 한 명이었고, 암스테르담 사무소의 최대 지분 보유자기도 했지요.

그는 네덜란드 동인도회사에서 고위 간부로 일하다가, 회사의 다른 이사들과 각종 법정 싸움에 휘말리게 됩니다. 결국 이사직에서 쫓겨나게 되면서, 본인의 주식 거래까지 정지당했지요. 그는 앙갚음으로 회사를 곤경에 빠트릴 계획을 세웁니다. 주식시장을 이용해 복수할 수 있는 묘안을 생각해냅니다.

르 매르는 공범을 모아서 네덜란드 동인도회사의 지분을 대량으로 팔아 치우기로 합니다. **시장에서 다른 상인들에게 지분을 팔되 돈을 먼저 받고 명의 이전은 나중에 해주기로 합의하면, 아직 갖고 있지 않은 지분까지 팔 수 있다는 점을 노렸지요.** 여기서 그치지 않고 르 매르는 가격이 더 떨어지도록 고위 간부로서 알고 있었던 정보를 이용해, 회사의 악재가 퍼지도록 뒤에서 조종했습니다.

이런 일련의 작업들이 성공해서 가격이 폭락하고 나면, 그때 다시 지분을 사들여 이전에 양도하기로 한 사람들에게 갚을 계획이었습니다. 이 작전이 성공하면 가격 차익으로 큰 수익을 챙길 수 있었고, 무엇보다 회사의 다른 이사들에게도 복수할 수 있었습니다. 결국 주식의 가격은 폭락했지요.

1년 후에 이들은 미리 약속한 가격보다 훨씬 더 떨어진 가격의 차익만큼 이익을 거둘 수 있었습니다. 하지만 문제는 이들이 실제로 자신들이 가지고 있던 동인도회사 주식의 지분보다 더 많은 양을 이런 식으로 매도했다는 것이죠. 이는 'Naked short selling', 이른바 무차입 공매도가 시작되는 순간이었습니다.

규정상 네덜란드 동인도회사의 고위 간부들은 최소한 6,000 휠던이라는 큰돈을 회사에 직접 투자하고 있어야 했는데, 주가가 폭락하면서 고위 간부들이 큰 손해를 입었지요. 그래서 동인도회사는 다시 모든 거래가 회사 내에서 이뤄져야 한다는 정책을 내세웠습니다.

하지만 이에 대한 피해가 가장 컸던 것은 네덜란드 동인도회사에 소소하게 투자하고 있던 암스테르담의 일반 시민들이었습니다. 사람들은 사기 행각을 벌인 아이작 르 매르에게 크게 분노했지만, 그렇다고 해서 회사의 해결책을 반기지도 않았지요. 이

전처럼 많은 시간과 노력을 들여 동인도회사에 가야 한다는 것, 그리고 누가 어떤 거래를 했는지를 회사가 모두 알 수 있다는 것도 그들의 불만이었습니다.

르 매르는 자신을 변호하는 과정에서 주가 폭락의 원인은 자신에게 있는 것이 아니라, 동인도회사 자체가 큰 수익을 못 내고 있는 상황과 회사 운영의 구조적인 문제가 있다고 주장했지요. 하지만 그의 변호는 사람들을 납득시키지 못했고, 결국 무차입 공매도가 금지되었습니다.

무차입 공매도가 많은 사람에게 금전적으로 피해를 입히는 악재를 끼쳤지만, 한 가지 긍정적인 영향을 남기기도 했지요. 그것은 바로 회사 운영에 대한 일반 투자자들의 비판적인 관심을 이끌었다는 것입니다. 아이작 르 매르는 공개적으로 동인도회사의 경영 상태를 비판한 최초의 주주였습니다.

아이작 르 매르가 변론한 내용 중에서 회사의 운영 상태에 대한 사람들의 무지에서 벗어나, 지속적인 회사 운영에 대한 관심의 필요성에 많은 사람이 공감하게 되었지요. 이로써 사람들은 주식 거래에 있어서 더 현명하게 투자하고, 회사를 감시하게 되었습니다.

당시의 무역 사업에서 수익의 원천지는 아시아의 향신료였습니다. 하지만 이를 가지고 오기 위한 배의 항해 기술은 많이 발달하지 않아, 항상 큰 위험이 따랐지요. 투자자들은 배가 안전하게 돌아오지 못하면 파산하기에, 리스크에 대해 큰 부담감을 느끼고 있었습니다.

하지만 투자를 망설였던 투자자들은 주식의 등장으로 더 과감한 투자를 선택할 수 있게 되었습니다. 배를 가지고 있는 한 명의 투자자로 진행되었던 무역 사업은 몇 천 명의 투자자가 함께하는 더 큰 규모의 사업이 되었으니, 훨씬 부담감이 줄어들었지요.

그뿐만 아니라, 대부분의 무역 사업은 한 번의 큰 교류가 끝난 이후 수익을 청산하는 일회성 구조로 이뤄져 있었습니다. 하지만 배당금을 배분하고 신뢰가 생기면서 재투자를 받는 동인도회사의 사례 덕분에, 일회성의 성격을 띠는 회사들에서 장기적인 투자와 활동을 하는 회사들이 등장하기 시작했지요.

네덜란드 동인도회사를 시작으로 생긴 경제의 여파는 이후 '네덜란드 서인도회사Geoctroyeerde West-Indische Compagnie, WIC'의 전례가 되었습니다. 이는 네덜란드에만 국한된 것이 아니라, 영국과 지금의 주식을 사용하고 있는 모든 나라에 영향을 미쳤습니다.

네덜란드 주식시장의 시작으로, 지금의 투자를 기반으로 한 투자자와 사업가의 동행이 시작되었다고 할 수 있습니다. 증권 거래 초기 시절에는 진정한 시장 붕괴라고 할 만한 상황은 없었으며, 17세기 내내 전체적으로는 번영의 시기가 이어졌습니다. 이 모두가 주식시장의 상승세에 힘입은 것이지요.

그러나 네덜란드의 주식 발견에 장점만 있는 것은 아니었습니다. 네덜란드 동인도회사가 주식을 공개하고 얼마 후, 과도한 주가 조작과 투기 열풍이 일어났습니다. 그리고 그런 단점들을 막기 위해서 여러 규제 조치가 마련되었지요. 그후 백 년이 채 걸리지 않아, 현대의 주식시장 제도의 틀이 거의 완성되었습니다.

: 조셉 드 라 베가, 《혼돈 속의 혼돈》 :

《혼돈 속의 혼돈》은 17세기 네덜란드 개미투자자가 자신의 노하우와 경험담을 기록한 책입니다. 이 책이 쓰인 1688년은 세계 최초의 주식회사가 네덜란드에서 활발하게 활동하고 있었을 때입니다.

조셉 드 라 베가의 이 책은 1688년 암스테르담에서 집필된 세계 최초의 주식 책으로서, 오늘날까지도 많은 투자자와 학자들이 관심을 갖고 찾는 책이기도 합니다. 스페인어로 저술된 책임에도 불구하고 네덜란드 문화사를 형성한 '기본 서적'으로 선정되기도 했지요.

조셉 드 라 베가는 1650년경 스페인에서 태어난 유대인이었는데, 당시 세계 금융의 수도였던 네덜란드 암스테르담으로 이주해 정착했습니다. 암스테르담은 근대 주식회사와 주식의 기본 개념이 형성된 중요한 도시입니다.

최초의 주식회사가 활발히 운영되던 1688년에 조셉 드 라 베가는 실제 주식에 투자해서 다섯 번이나 재산을 잃는 경험을 한 실전파지요. 그는 이 책을 통해 당시 증권거래소의 관행들Puts, Calls, Pools, Manipulations에 대해 상세하게 기술하고 있습니다.

출판 당시에는 이목을 끌지 못했다가 1892년 독일의 경제학자 리처드 에렌버그가 에세이에 인용하면서, 예리한 통찰력과 당시의 현실이 반영된 책이라는 점에서 주목받기 시작했습니다. 이후 여러 언어로 번역됐고, **주식투자자들에게 '세계 최초의 주식 투자 설명서'라는 별칭으로 불리기도 했습니다.** 그러다가 1995년 영국의 경제지 파이낸셜타임스가 뽑은 '세계에서 가장 영향력 있는 주식투자서 TOP 10'에서 2위로 선정되면서, 큰 인기를 끌게 되었지요.

유럽증권거래소연합The Federation of European Securities Exchanges 에서는 그를 기리기 위해 매년 〈De La Vega Prize〉를 만들어, 유럽의 증권시장에 대한 뛰어난 연구 성과를 낸 젊은 연구자를 선정해 수여하고 있습니다.

"투기꾼들은 입만 열면 오직 주식 얘기였다. 어딜 뛰어가면 주식 때문이었다. 가만히 서 있어도 그 역시 주식 때문이었고, 어딘가 쳐다보고 있으면 주식을 보고 있는 거였다. 깊이 생각에 잠겨 있으면 주식을 생각하는 거였고, 뭔가 먹고 있으면 그것도 주식투자에서 나온 거였다. 공부하면 주식에 대한 공부였고, 항상 주식에 대한 환상을 꿈꿨다. 병들어 죽는 자리에도 주식 걱정만 했다."

이 책 《혼돈 속의 혼돈》의 일부분입니다. 당시의 상황은 지금과 별반 다른 것이 없지요. 투기꾼들의 입에서 항상 나오는 이야기는 주식이었고, 이를 생산적인 경제 활동보다는 돈을 벌 수 있는 국민 스포츠류 중 하나로 생각하는 사람들도 있었습니다.

이런 상황을 작가는 '혼돈'이라고 이야기합니다. 그리고 서문에서 왜 이런 상황에서의 주식 거래를 설명하는지에 대해 해명하고 있지요. 첫째는 그 자신의 유희를 위해서였습니다. 둘째는 주식 거래를 하지 않는 사람들을 위해 현존하는 모든 책을 통틀어 가장 정직하고, 가장 유용한 주식 거래 설명서를 쓰고 싶다는 바람에서였습니다. 셋째는 나쁜 사람들이 주식을 거래할 때 쓰는 온갖 술수와 수법을 정확하고 완전하게 설명하기 위해서였습니다.

책은 철학자, 상인, 주주라는 세 명이 나누는 대화로 구성돼 있습니다. 조셉 드 라 베가가 주식시장에 대해 가장 자세히 설명하는 부분은 대화 ②입니다. 여기서 그는 주주의 입장에서 주식투자자가 반드시 지켜야 할 4가지 수칙을 설명합니다.

"**첫 번째 수칙 : 절대로 그 누구에게든지 주식을 매수하라, 매도하라 조언하지 마라.** 통찰력이 떨어진 사람에게는 아무리 선의로 한 조언이라도 결과가 안 좋을 수 있기 때문이다."

"두 번째 수칙 : 놓친 이익을 안타까워하거나 후회하지 말고 챙길 수 있는 이득은 다 챙겨라. 유리한 국면이 계속되는 행운이 지속되기를 바라지 말고, 취할 수 있는 것을 누리는 것이 현명한 행동이다. 뱀장어가 도망가는 속도는 생각보다도 더 빠르기 때문이다."

"세 번째 수칙 : 주식 거래로 버는 이익은 고블린의 보물유럽 설화에 등장하는 도깨비 또는 사악한 요정을 의미하며, 반짝이는 물건을 좋아해 보이는 대로 다 훔친다고 한다 **같은 것이다.** 어느 순간에는 카벙클루비, 석류석처럼 붉은색을 띠는 보석을 둥글게 연마한 것이던 것이 석탄 조각이 되었다가, 다시 다이아몬드나 부싯돌이고, 또 어떤 때는 아침 이슬이거나 눈물로 바뀔 수 있다."

"네 번째 수칙 : 가치는 지속되기 힘들고 소문은 진실에 기반하는 일이 드물기에, 이 게임에서 이기길 바라는 사람은 누구든 인내와 돈을 갖고 있어야 한다."

조셉 드 라 베가는 주식투자자로서 큰 성공을 거두지는 못했습니다. 하지만 그는 이 책에서 주식시장에서 사용된 거래 유형과 다양한 거래에 수반되는 위험을, 전반적으로 훌륭하게 설명하고 있습니다. 그리고 다른 거래자들을 속여서 이익을 취하려는 거래자들의 모습을 보여주면서, 거래소에서 행해지는 다양한 작전을 설명하는 데 집중했지요.

《혼돈 속의 혼돈》만 본다면 주식투자란 말 그대로 혼돈이고, 믿을 사람이 없는 부당 거래판이라고 볼 수도 있습니다. 하지만 작가의 목표는 혼돈 속에서 위험을 인지하고, 영리하게 투자하는 것의 중요성을 강조하는 데에 있었습니다.

이 책의 문장들은 이해하기가 다소 어렵기는 해도, 주식시장에서 사용된 거래 유형과 다양한 거래에 수반되는 위험을 전반적으로 훌륭하게 설명하고 있습니다. 또한 파생상품은 투기적 도구가 아니라 위험을 상쇄하는 용도로 사용할 수 있다는 설명은, 주식에 대한 그의 지식이 상당한 수준임을 입증하지요.

이 책은 투자자들을 속여서 이익을 취하려는 트레이더들의 모습을 보여주면서, 거래소에서 행해지는 다양한 작전을 설명하는 데 집중합니다. 조셉 드 라 베가는 잠재적 투자자들에게 경고하기 위해 주식시장에서 횡행하는 여러 계략을 자세히 설명했지만, 극단적으로 치우친 것도 사실입니다.

당시에 주식 거래를 처음 하는 사람이 이 책을 읽었다면 증권 거래소는 금융 위험을 관리하고 통제하는 곳이 아니라, 부당 거래가 판치는 곳이라고 오해하기 제격입니다. 그런 면에서 본다면 《혼돈 속의 혼돈》은 주식 거래를 부추기는 책은 아니라고도 말할 수 있지요.

이 책은 세계 최초의 주식 책으로서 스페인 출신의 작가로 인해 스페인어로 작성되었지만, 네덜란드에서 '기본 서적'으로 여겨지는 영향력을 보여주고 있습니다. 현재까지도 많은 투자자와 학자들이 관심을 가지고 연구하는 책으로, **'혼돈 속의 혼돈'이 난무한 주식시장에서 영리하게 투자하고 싶은 사람이라면 한 번쯤은 꼭 읽어야 하는 필독서입니다.**

출간에 붙이는 글

스페인어 원문에서 영어 번역본으로 나오기까지

영어권 독자들에게 조셉 드 라 베가Joseph de la Vega의 《혼돈 속의 혼돈Confusion de Confusiones》을 소개하기까지 얼마나 많은 준비 작업이 필요했었는지를 몇 마디 말로는 다 표현할 수 없습니다.

조셉 드 라 베가의 책은 주식 거래의 관행을 설명한 최초의 책이자, 일찍이 17세기부터 풋Put, 콜Call, 집합Pool, 조작Manipulations 등의 거래 관행이 고도로 발전되어 있음을 보여준 책이기도 하지요. 여기에는 책이 출간된 1688년에 세계의 선도적인 금융 중심지로서 위상을 유지하던, 암스테르담의 주식 거래 행위가 자세히 묘사되어 있습니다.

이 책에서는 주식 거래 제도에 대한 체계적 설명을 기대해서는 안 됩니다. 저자의 목표는 도덕, 철학, 수사학에 중점을 둔 책을 쓴다는 데 있었습니다. 그래서 지금 세대가 관심을 가질 만한 부분에서는 어물쩍 넘어가고, 우리가 중요하지 않다고 보는 부분에 대해서는 과하다 싶을 정도로 설명하고 있지요.

그러나 **이 책은 주식 거래에 대해 꼭 알아야 할 귀중한 내용과 당시 17세기 네덜란드 경제계의 현황을, 특유의 방식으로 생생하게 보여줍니다.** 이 책의 초판본은 현재 여섯 권만이 전해지고 있습니다. 미국에서는 운 좋게도 하버드대학교 크레스 도서관Kress Library만이 유일하게 초판본 한 권을 보유하고 있지요.

《혼돈 속의 혼돈》은 경제서라기보다는 문학으로서의 성격이 강한 데다 전해지는 부수도 몇 권 되지 않았습니다. 그런 탓에 1892년 독일 경제학자 리처드 에렌버그가 에세이에 인용하여 독자들의 관심을 끌기 전까지, 경제사와 기업사를 연구하는 근대의 학자들은 이런 책이 있다는 것조차 모르고 있었지요.

그러고도 여러 해가 흐른 후에야 1919년에 독일어 번역이, 1939년에 네덜란드어 번역이 진행되었습니다. 특히 네덜란드어 번역본은 대단한 가치를 지니고 있지요. 여기에는 스페인어 원문이 그대로 실려 있는 것은 물론이고, M. F. J. 스미스 박사가 이 책의 역사적 가치를 소개하는 장문의 서문을 실었기 때문입니다.

앞서 독일어 번역 작업을 맡았던 오토 프링스하임이 이미 조사했던 자료와 17세기 네덜란드 경제계의 풍토를 네덜란드어로 적어 놓은 자료에 쉽게 접근할 수 있었던 것이, 스미스 박사가 이런 서문을 쓰는 데 큰 도움을 줬지요.

하지만 이 책의 전문을 영어로 번역하자니 아무래도 적절하지 않아 보였습니다. 장황한 문장에다 수사학적 유희가 툭하면 등장하는 탓에, 현대의 독자들은 일독하는 것 자체가 상당한 고역일 수밖에 없었지요. 그런 이유로 어느 정도 표현을 단순화해서 번역하는 것이 불가피했고, 그 두꺼운 책을 전부 번역하자니 그것도 어려움이 만만치 않을 것 같았습니다.

결국 **시대에 상관없이 경제사가와 기업사가들이 관심을 가질 만한 부분인, 주식 거래 관행과 직접 관련이 있는 부분만 번역하기로 결론을 내렸습니다.**

어려울 것이라고 처음부터 각오했지만, 영어로 옮기는 작업은 각오가 무색할 정도였지요. 여러 언어가 직간접적으로 혼용된 것도 문제였지만, 유럽만의 독특한 주식 거래 활동을 딱 맞는 미국식 표현으로 바꿔서 옮겨야 한다는 것도 큰 문제였습니다.

그나마 하버드대학교 크레스 도서관이 독일어를 공부한 두 학자의 소양과 학식에 도움을 요청할 수 있었던 것은 천운이었습니다. 하버드대학교 기업가 역사 연구소Research Center in Entrepreneurial History 프리츠 레드리히 박사와 뷔르츠부르크대학교 헤르만 켈렌벤츠 교수의 실력 덕분에, 우리는 필요한 것 이상으로 많은 도움을 얻을 수 있었습니다.

레드리히 박사는 근대 유럽의 금융 관행과 유럽 경제사에 대한 지식이 해박했습니다. 켈렌벤츠 교수는 스페인어 원문 및 서문 해제가 실린 두 번역본에 나오는 각국 언어에 능통했고, 최근에 자신의 저서 《함부르크의 기업가가 포르투갈과 스페인 무역에 미친 영향》을 준비하면서, 17세기 초 네덜란드의 경제 활동에 대해 풍부한 사전 지식을 갖추고 있었습니다.

켈렌벤츠 박사가 사는 곳은 하버드대학교가 있는 매사추세츠주 케임브리지에서 너무 멀었고, 레드리히 박사와 나도 네덜란드어와 스페인어에는 까막눈이었기에 어느 정도는 다른 학자들의 도움을 받아야 했지요.

때마침 도움이 꼭 필요한 순간에 케임브리지시에 머물고 있던 프린스턴대학교의 스탠리 J. 스타인 교수와 워싱턴대학교의 리처드 M. 웨스테브 교수가 기꺼이 도움의 손길을 내밀어 줬습니다.

불가피하게 학계 밖으로도 도움을 요청할 수밖에 없었습니다. 보스턴의 투자은행에 근무하고 학문적 소양이 뛰어난 캐리 J. 체임벌린은 고맙게도 탈고 전의 번역본을 끝까지 읽어 줬습니다. 그리고는 꼼꼼하게 미국 금융계 인사들이 쉽게 이해할 만한 내용으로 번역되었는지, 혹여나 알맞은 미국식 금융 용어로 옮겼는지를 확인해줬지요. 체임벌린 덕분에 잘못 옮긴 개념이나 용어를 많이 찾아낼 수 있었습니다.

크레스 도서관은 이 훌륭한 신사들에게 큰 신세를 졌습니다. **그들 모두가 누구건 적당하다고 생각할 만한 수준을 넘어 천 명이라도 되는 양 도움을 준 덕분에, 영어 번역본이 성공적으로 마무리될 수 있었습니다.** 특히나 레드리히 박사와 켈렌벤츠 교수에게 무한한 감사의 마음을 보냅니다.

나는 공식적으로는 하버드 경영대학원 도서관장직에서 은퇴했기에 크레스 도서관의 문예 출간물은 더는 내 소관이 아닙니다. 하지만 이 번역물의 인쇄 작업을 준비하는 데 도움을 주게 되어서 무척이나 기쁜 마음입니다. 솔직히 나는 내가 '해야 할 의무'를 다한 것뿐이지요.

번역 작업은 내가 재직하는 중에 시작되었지만, 나는 공식 임기가 끝나기 전까지 번역을 완료할 수가 없었습니다. 다행스럽게도 베이커 도서관에서 내 후임자가 된 도널드 T. 클라크가 이 연구물을 세상에 내보내는 데 관심을 보인 것이 정말로 기쁠 따름입니다.

1957년

아서 해리슨 콜

(경제사학자, 하버드대학교 경영대학원의 도서관장, 1889~1974년)

· 차례 ·

서문

조셉 드 라 베가이하 베가의 《혼돈 속의 혼돈》을 접한 사람은 보는 순간 저자의 문학적 성향이 상당히 기이하다는 것을 한눈에 알아차릴 수 있다.

여기 포르투갈계 유대인이 스페인어로 쓰고, 암스테르담에서 출간했으며, 대화체 형식에, 처음부터 끝날 때까지 성서·역사·신화적 암시로 장식되었음에도 증권 거래에 대한 내용이 주를 이루고, 출간 연도는 자그마치 1688년인 책이 있다.

이런 책에는 당연히 상당한 분량의 해제解題가 필요할 수밖에 없다.

I

우선은 저자가 속한 민족 집단을 파악하는 것부터 시작해야 한다. 그는 암스테르담에 사는 세파르디Sephardi 사회의 일원이었다. 중유럽이나 동유럽 출신의 유대인을 지칭할 때는 '아슈케나지Ashkenazi'라는 말을 썼고, 이베리아반도스페인, 포르투갈에 거주하던 유대인 조상의 후손들에게는 '세파르디'라는 표현을 썼다.

15세기 스페인과 포르투갈에서는 기독교 교회가 극심하게 종교를 탄압하면서, 그곳에 거주하던 유대인들과 무어인들은 강제로 기독교로 개종했다. 일부 유대인과 무어인은 진짜로 개종했지만, 대다수는 개종한 시늉만 할 뿐 자신들의 신앙을 몰래 유지했다.

1492년에 개종하지 않은 유대인들과 무어인들은 스페인에서 쫓겨나 포르투갈로 대거 망명했다. 하지만 1536년에 포르투갈에서도 종교재판이 행해졌고, 유대인 이주민들은 다시 몸을 피할 곳을 찾아야 했다.

스페인에서 '새 기독교인Christianos nuevos'이라고 불렸던, 이 이름뿐인 기독교인들의 상당수는 더욱 강경하게 신앙을 고집하는 동포들과 함께 순례 행렬에 합류했다. **스페인과 포르투갈의 유대인들이 북유럽 도시로 향하기로 마음을 정한 것은 경제 활동 때문이었다.** 북유럽 도시에서는 사업 수완을 발휘할 기회가 더 많을 거라고 그들은 생각했다.

여러모로 짐작건대, 베가 일가도 그런 '새 기독교인'의 일원이었을 것이다. 과거 세대가 포르투갈로 터전을 옮겼다가 아마도 1536년 이후에는 스페인으로 돌아왔고, 그리고 백 년이 지난 1630년쯤에는 최종적으로 저지대 국가벨기에, 네덜란드, 룩셈부르크로 옮겨 갔다.

엘베강 하구와 암스텔강 하구의 제방 근처에는 이미 상당한 규모의 유대인 이주민 집단이, 자신들의 종교를 당당히 드러내고 전통을 지키며 살고 있었다.

이 새 기독교인들 이주민 무리가 저지대 국가에 처음 등장한 것은 15세기가 끝날 즈음이었고, 이주 규모는 다음 세기에는 더 늘어났다. 그리고 《혼돈 속의 혼돈》이 출간된 17세기 말엽에 이르러서는 북유럽의 세파르디 공동체가 그 지역에 미치는 영향력은 사실상 최고조에 달해 있었다.

이들 유대 민족으로 이뤄진 이주민 무리의 공용어는 포르투갈어였다. 그러다 보니 비유대인들도 이들 유대인 이민자들을 '포르투갈인'이나 '포르투갈계 유대인'이라고 불렀다.

그러나 희한하게도 그들 중 문학적 포부가 있는 사람은 시, 희곡, 율법 논문 등의 저술 작업에서는 스페인어를 사용했다. 교육 계층에서는 포르투갈어나 네덜란드어보다는 스페인어에 익숙한 사람이 더 많았기 때문이거나, 그도 아니라면 제1언어가 무언지에 상관없이 교육 계층 모두에게는 스페인어가 공용어기 때문이었을 것으로 짐작된다.

암스테르담은 함부르크보다 세파르디 이주민들에게 경제 활동의 기회와 자유를 더 크게 보장해줬기 때문에, 암스테르담의 세파르디 정착촌은 얼마 안 가 엘베강 근처에 정착한 동포들의 정착촌보다 더 융성하게 되었다.

하지만 암스테르담의 세파르디 유대인들이 상대적으로 자유를 더 많이 보장받았다고는 해도, 이는 17세기 유럽 전반의 사회상이라는 틀 안에서 보장받은 자유였다. 교회와 길드는 유대인들의 경제 활동에 온갖 종류의 제약을 걸었다.

예를 들어 1632년 3월 29일에 반포된 암스테르담 칙령에 따르면, 유대인들은 암스테르담의 길드 조합원들이 종사하는 분야의 사업은 일절 금지당했으며, 그렇다고 길드 조합원이 될 수도 없었다.

행상을 할 수도 없었고, 소매 점포를 차릴 수도 없었다. 공방을 차린다고 해도 종교 의식용 물품을 생산하는 공방만 가능했고, 그런 공방들을 모아 길드를 조직하는 것은 금지였다.

다만 예외 조항을 두어 푸주한소, 돼지 따위를 잡아서 파는 것을 직업으로 하는 사람, 가금류 판매상, 제빵사가 되는 것은 가능했고 다이아몬드 세공 같은 일부 수공에 분야에 종사하는 것도 허락되었다. 무엇보다도 상품의 도매업과 선적 사업에서는 아무런 제약도 받지 않았다. **암스테르담의 유대인들 중 상당수가 중개업 승인을 받았고, 또 많은 수가 사채업이나 환전 등의 사업에 종사하게 되었다.**

암스테르담의 포르투갈계 유대인 정착촌의 경제적 영향력은 학자들로 인해 최근까지도 부풀려서 알려진 편이다. 하지만 새로운 연구 결과가 제기되면서 그런 잘못된 인식이 정정되었다.

암스테르담 유대인들의 재무 상태 변화라든가, 그들이 시대별로 쌓은 재산, 비세파르디계 최대 사업체와 비교했을 때 세파르디계 최대 사업체의 재산 수준 등이 암스테르담은행 계좌에 기록되어 있었다. 또한 1631년, 1674년, 1743년 납세 신고 기록도 아주 자세히 적혀 있었다.

이 새로 공개된 자료를 보면 암스테르담의 최대 부호는 물론 금융 거래액이 최대 규모인 사람들은 모두 암스테르담 토박이였다. 그들은 통치 계급이나 귀족 계급 가문 소속이었다. 그러나 참가 비율만 놓고 본다면, 암스테르담에서는 다른 민족의 경제 활동 참여 비율보다 '포르투갈계 유대인'의 참여 비율이 유독 높은 것도 사실이었다.

그리고 최근 연구 조사로 밝혀졌다시피, 이들 포르투갈계 유대인들에게 경제적 번창을 안겨준 주요 분야는 상품 무역이었다. 그들은 남유럽에서 설탕, 향료, 소금, 염료용 나무, 보석, 귀금속 등을 수입했고 북유럽산 원자재와 고가의 완제품을 수출했다.

하지만 이들 포르투갈계 유대인들 중에서는 암스테르담의 금융 활동에 참여하는 사람들이 상당수 있었던 것으로 보이는데,

그중에서도 유독 투기 참여자가 많았다. 물론 그들이 사는 도시의 규정상 투기 일을 하는 데에는 제약이 없다는 것도 한 요인이었다.

하지만 더 큰 요인으로 작용한 것이 있다. 이들 유대인들이 과거 명목상 기독교인이었을 때는 이베리아 국가들의 상품시장에 제법 연줄이 있었다. 하지만 개종 전의 신앙으로 돌아가고 먼 이국으로 이주하고 나서는, 그런 연줄이 완전히 끊어진 데서 요인을 찾을 수 있다.

최소한 베가와 같은 시대 사람으로서 네덜란드에 대해 해박했던 한 영국인 신사, H. 로즈는 1701년에 발표한 《네덜란드 설명서》에서, "유대인들은 주식 투기 거래의 우두머리였으며, 이 중요한 거래의 20건 중 17건의 협상을 맡고 있다."라고 적고 있다.

그 거래란 동인도회사 주식 거래를 말하는 것이었다. 따라서 베가도 암스테르담 유대인 사회의 일원이니만치, 이 도시의 주식 투기에 대한 소식은 마음만 먹으면 충분히 알 수 있었을 것으로 짐작된다.

II

우리가 확보한 베가 일가와 관련되어 최초로 기록된 문서에 따르면 그들은 스페인에서 살았다. 저자의 아버지인 아이작 펜소Issac Penso 또는 아이작 펜소 펠릭스Issac Penso Felix는 1608년 스페인에서 태어났고, '새 기독교인'의 신분으로 코르도바주의 작은 도시인 에스페호에서 살았다.

그의 가족은 포르투갈에서 건너온 것이 확실했는데, '펜소'라는 성의 어원이 포르투갈어나 갈리시아어포르투갈 국경과 맞닿아 있는 스페인 서북부의 자치주인 갈리시아주에서 쓰는 언어이기 때문이다. 포르투갈 북부와 갈리시아에는 펜소라는 이름이 붙은 마을도 여러 곳이 있다.

더욱이 아이작 펜소와 한 혈통이라고 주장할 수 있는 또 다른 성이 있었는데, 포르투갈어로 '작은 새'를 뜻하는 '파사리뉴Passarinho'였다. 실제로도 16세기에, 특히 포르투갈이 스페인에 병합되었던 시기에포르투갈의 세바스티안 1세가 아프리카 원정 중 전사하고 왕위가 공석이 되면서 포르투갈은 16세기 말~17세기 초에 이베리아 연합이라는 이름으로 스페인에 병합되었다 스페인으로 이주했거나(또는 귀환했던) 포르투갈계 '새 기독교인들'이 상당히 많았던 것으로 보인다.

아이작 펜소는 이스테르 드 라 베가Esther de la Vega와 결혼했다.[◗] 장남 아브라앙은 부친의 성을 이어받았고, 차남이며 우리의 《혼돈 속의 혼돈》 저자인 조셉은 유대 민족 전통에 따라 모친의 성을 이어받았다.

그러므로 저자의 정식 이름은 조셉 펜소 드 라 베가 파사리뉴이고, 가끔은 여기에 나머지 성인 펠릭스를 붙이기도 한다. 그러나 그가 즐겨 사용하는 이름은 조셉 드 라 베가였다.

아이작 펜소가 1655년에 '파르나스Parnas, 장로'로 선출된 것으로 보아, 그는 함부르크 포르투갈계 유대인 공동체에서 꽤 중요한 위치였던 것으로 짐작된다. 그리고 얼마 후 **그는 암스테르담으로 옮겨갔고, 그곳에서 주로 종사한 분야는 금융업이었을 것이다.**

◗ 부부는 슬하에 4남 2녀를 두었다. 아들 둘은 암스테르담에서 평생을 살았고, 다른 자녀들은 런던으로 이주했다. 6남매 중 넷은 혼인을 통해 앤트워프의 알바레스 베가(Alvares Vega) 가문과 인척이 되었다. 아이작 펜소의 딸이 같은 베가 가문의 아들과 결혼하면서, 여러 가문의 유대가 증가했다.

제법 자수성가한 아이작 펜소는 유대인 집단의 유력 인사들과 어울려 지내게 되었다. 그는 여러 요직에 선출되었고, 종교 모임에 자신의 집을 개방해줬으며, 독지가로서도 이름을 날렸고, 모세 율법구약 시대의 기독교 율법 연구를 육성하는 여러 탈무드 '학회' 중 하나를 설립하는 일에도 참여했다.[*]

III

베가의 정확한 출생일과 장소에 대해서는 확실한 기록이 없다. 다만 1650년경에 태어났다는 것은 확실한데, 그의 부모가 아직 에스페호에 살고 있을 때일 수도 있지만, 북유럽으로 이주한 다음일 가능성이 더 크다. 베가는 어린 시절에 잠시 리보르노에서 살았고, 다음에는 암스테르담에 터를 잡았지만 함부르크에도 자주 왕래했다.

---

[*] 아이작 펜소가 1683년 죽었을 때 샤상 아보아브와 사르파티 드 피나 박사와 같은 명사들이 추도문을 발표하며 그를 기렸고, 시인인 다니엘 레비 드 바히오스와 아들인 조셉 드 라 베가는 아이작의 인품과 업적을 기리는 조사(弔詞)를 지었다.

그는 문학 재능으로 곧바로 주목받았다. 불과 17세인 1667년에는 히브리어로 쓴 《희망의 죄수》라는 희곡을 발표하고, 히브리어 시의 새 시대를 열었다는 찬사를 받으며 이름을 알렸다. 이 극본은 1673년 암스테르담에서 출간되었다.

베가는 초년 시절에 가문의 뜻에 따라 랍비가 되기 위한 길을 걸었지만, 커서는 사업가가 되었다. 하지만 저술 활동에 쓰는 시간이 많다 보니, 사업은 그럭저럭 체면만 유지하는 수준이었다. 시간이 남을 때는 혼례용 시와 제후를 칭송하는 시, 소설, 연설문, 윤리나 철학에 대한 논문을 썼다.

스페인 공사인 마누엘 데 벨몬테가 1676년에 세운 아카데미아 데 로스 시티분도스Academia de los Sitibundos, 목마른 자들의 학회'에 가입해, 제출된 시들을 심사하고 상을 주는 심사위원으로 일하기도 했다.

벨몬테 공사가 1685년에 설립한 문학 토론 모임인 아카데미아 데 로스 플로리도스Academia de los Floridos, 만개한 사람들의 학회에서는 서기로 일했다. 아내의 고향이기도 하고 그의 작품을 다수 출간한 앤트워프를 비롯해, 리보르노와 에스페호로 여행을 다니면서 지적인 소양도 넓혔다. 동시대의 사람들은 베가의 학문 능력과 상상력, 언어적 재능과 문체를 칭찬했다.

베가에 대해 많은 학술 연구가 진행되었음에도 그의 작품이 얼마나 되는지는 아직 완벽하게 파악되지 않고 있다. 1683년에 출간한 소설집 《위태로운 길》 서문에서 그는 역사와 시대상을 공부하는 사람들이 흥미를 느낄 만한 주제로 200통의 편지를 써서 제후들이나 친구들에게 보냈다고 적었다. 또한 감사할 줄 아는 이들, 애통해하는 이들, 불만이 많은 이들, 연인들, 방종한 사람들, 설교가들, 윤리학자들, 시인들에게도 편지를 보냈다고 밝혔다.

앞에서 언급한 희곡 외에도 주목할 만한 작품은 모친과 부친을 기리며 한 편씩 쓴 〈고인에게 바치는 기도〉 두 편이 있다. 두 기도문 모두 1683년 암스테르담에서 출간되었다. 크리스티나 스웨덴 여왕의 함부르크 주재 대사인 마누엘 테이셰이라에게 바치는 연설문을 쓰고, 아카데미아 데 로스 시티분도스에서 일하던 해에 이 연설문을 발표했다.

그리고 네덜란드 공화국에서 포르투갈계 유대인 공동체 대표로 활동한 모즈스 쿠리엘에게 존경의 의미를 담아, 신성한 모세 율법에 대한 찬사를 한 편 써서 보냈다. 빈이 투르크 공격에서 해방되었을 때는 얀 소비에스키 국왕에게 보내는 축전의 글을 썼다.

1683년에는 앞에서 언급한 소설집 《위태로운 길》을 발표했다. 이 책의 소설들은 당시의 이탈리아 소설 양식을 따랐기에, 곳곳에서 새로운 형식의 가식과 허세가 빛을 발하고 있었다. 베가는 1685년에는 아카데미아 데 로스 플로리도스에서 했던 연설을 엮은 모음집을 발표했다.

그리고 이어서, **그의 작품 중에서도 가장 돋보이는 작품이 등장했다. 암스테르담에서 증권 거래가 이뤄지는 모습을 대화체로 담은 책이면서, 우리의 주제이기도 한 《혼돈 속의 혼돈》이 1688년에 출간된 것이다.**

1690년에는 윌리엄 3세 영국 국왕을 위해 작은 작품 하나를 썼고, 마지막 출간작으로 알려진 헤이그 주재 포르투갈 대사 디에구 드 멘돈자에게 헌정한 연설문이 1692년 3월 15일에 발표되었다. 그리고 같은 해인 1692년 11월 13일에 세상을 떠났다. 그는 부친이 묻힌 암스테르담 구 교회 공동묘지에 묻혔다.

IV

1688년 3월 24일, 베가는 그 당시 풍습에 따라 암스테르담 증권거래소 현황을 설명하는 몇 편의 대화를 헌정한다는 계약서에 서명했다. 대화를 받는 사람은 암스테르담 포르투갈계 유대인 공동체의 명사인 두아르트 누느스 다 코스타였다.

누느스 다 코스타의 조부인 두아르트와 부친인 제로니무는 포르투갈 수복기에 후앙 4세1640년 포르투갈이 스페인과 분리 독립 전쟁을 벌일 때 포르투갈 국왕으로 추대되었다의 대리인으로서, 함부르크와 암스테르담에서 요직을 맡았던 인물이었다.

암스테르담 유대인 신도 집단의 소속이었던 제로니무는 1673년에 암스테르담의 새 유대교 회당 정초식에서 주춧돌을 올렸다. 앞에서도 나왔지만 베가는 1683년에 그에게 바치는 찬미사를 썼다. 이제 제로니무의 아들인 누느스 다 코스타가 암스테르담의 증권 거래 현황을 설명하는 책을 헌정받는 영예를 누리게 된 것이었다.

베가의 자부심이었던 화려한 기교로 장식된 문장을 제대로 이해하기 위해서는 이 책을 봐야 한다. 그의 문장은 동시대 작가들이 흔히 쓰는 문장을 초월했다. 그는 화관을 엮듯이 화려한 비유와 암시로 'Acciones주식'이라는 단어를 표현했다. 수취인의 의미로 'Costa해변'이라는 단어를 이용했고, 'Paxaro새'라는 단어로는 그의 조상을 떠올리게 했다.

프롤로그에서 시작된 이런 문체는 본문에서도 그대로 이어졌다. 철학자, 상인, 주주가 나누는 네 편의 대화는 거래소의 모습을 생생히 설명하는 데 목표를 두었다. 하지만 곳곳에서 툭하면 아무렇지도 않게 흐름을 끊고는 신화, 철학, 구약성서, 고전 시의 세상으로 외유를 떠나게 만든다.

베가의 목표는 '누군가를 흉내낸 것도 아니고 아무도 흉내내지 못할 새로운 문체'를 만드는 것이었지만, 그는 목표를 지나칠 정도로 초과 달성했다.

그의 목표였던 '기묘한 문체Estilo culto'가 워낙에 까다롭고 장식적이었기에 그것만으로도 당대의 작가들이 모방하기가 힘들었을 뿐더러, 오늘날의 사람들조차도 그의 문장을 이해하기가 대단히 힘들 지경이다.

그는 이 책을 쓰게 된 3가지 동기를 강조했다.

첫째는 그 자신의 유희를 위해서였다. 둘째는 주식 거래를 하지 않는 사람들을 위해 현존하는 모든 책을 통틀어 가장 정직하고, 가장 유용한 주식 거래 설명서를 쓰고 싶다는 바람에서였다. 셋째는 나쁜 사람들이 주식을 거래할 때 쓰는 온갖 술수와 수법을 정확하고 완전하게 설명하기 위해서였다.

마지막 목표의 경우는 사람들에게 증권거래소에서 횡행하는 사기술과 악당들의 모습을 폭로함으로써, 투기 세상에 뛰어들지 말라고 경고하려는 목적도 포함돼 있었다.

그는 증권거래소에서의 삶을 미로에 비유하면서, 독자들에게 자신의 설명에는 조금의 과장도 없다고 단언했다. 책만 보면 지나치게 극단적으로 묘사했다는 인상을 받을 수 있지만, 그것은 거래소의 모습을 있는 그대로 묘사했을 뿐이었다.

그가 대화 제목을 《혼돈 속의 혼돈》이라고 지은 이유는 **어떤 투기 행각이 겉보기에는 전혀 불합리해 보이지 않는다고 해도 결국 투기 행위에는 합리성 따위는 없으며, 누군가 사용하는 속임수에는 다른 누군가가 반드시 같은 금액만큼의 대가를 치르게 되기 때문이었다.**

이런 주식 거래 사업에 뛰어든다는 것은 누구라도 이해할 수 없고, 어떤 필설로도 그 복잡함을 설명할 수 없는 어둠의 세상에 뛰어든 것과 같았다.

주식 거래는 그토록 복잡하고 미묘한 세상이기에 대화체 형식을 선택한 것은 대단히 적절한 결정이었다. 가상의 토론 형식을 통해 베가는 주식 거래의 여러 양상을 드러내면서도 설명문 형식을 취했을 때의 따분함을 피할 수 있었다.

그리고 대화체는 저자가 이 글을 통해 내보이려는 시점에도 적합했다. 객관적인 시점을 선택하고 유지하면서도 등장인물들의 입을 빌려 자신의 의견을 전달할 수 있기 때문이었다.

이 책 전체에서 '주주'는 저자의 판단을 발표하는 매개체 역할을 하고 있다. 물론 대화체 형식의 문학은 1688년 이전에도 있었던 오랜 역사의 문학 형식이다. 성경이나 고전 작품들도 대화체 형식이 많았고, 그중 가장 유명한 대화 형식의 고전 작품에는 플라톤의 《대화편》을 꼽을 수 있다. 훨씬 후대로 내려와 르네상스 시대에는 페트라르카와 에라스뮈스 등이 대화체 문학을 되살려냈다.

베가는 대화체로 쓴 스페인 작가들의 작품을 쉽게 찾아낼 수 있었을 것이다. 산티야나 후작의 작품, 후안 데 발데스의 작품, 세르반테스의 유명한 《개들이 본 세상》도 대화 형식의 글이었다. 심지어 같은 시기에 대화체로 고도의 전술적 기법을 논하는 책들도 여러 권이 발표되었는데, 그중 대표적인 것이 니콜로 마키아벨리의 《전술론》이었다.

V

베가의 책이 출간되었을 때 주식 거래와 투기의 역사는 100년도 채 되지 않았다. 그러나 상품 투기는 이미 오래전부터 있었다. 16세기 중엽 무렵에 암스테르담 상인들은 처음에는 곡물을, 나중에는 청어, 향료, 고래기름을, 심지어는 튤립을 가지고도 투기를 했다.

특히나 암스테르담 상품거래소는 상품 투기의 온상이나 다름없었다. 투기 장소는 처음에는 바뮤스스트라트의 야외 시장이었다가, 한동안은 담락Damrak을 가로지르는 새로운 다리 니우어브뤼흐에서 열렸다가, 이윽고 구 교회 근처 교회 광장에서 융성했다.

그리고 암스테르담 상인들이 1611년에 자체적으로 상품거래소 건물을 지으면서 거기에 뿌리를 내렸다.

네덜란드에서 동인도 무역을 하던 6개 지방 '회의소Chamber'가 하나로 뭉쳐 **1602년에 네덜란드 동인도회사**Vereenigde Oostindische Compagnie, VOC**가 발족하면서 주식 거래와 투기가 처음으로 등장했다.** 공식 발표에 의하면 네덜란드 공화국의 모든 시민에게는 네덜란드 동인도회사에 참여할 기회가 있었다.

설립 초기에는 투자금을 내고 얻은 권리를 'Partieen부분'이나 'Partijen참여'라고 불렀는데, 선적 사업에 '참여'하면 권리를 넘겨 받는다는 것에서 차용한 단어였다.

'Actie네덜란드어로 의미는 action이다', 즉 주식이라는 말은 1606년에 들어서야 사용되기 시작했다. 주식 보유자가 일정 수수료를 내면 자신이 가진 지분의 전체나 일부를 타인에게 양도할 수 있었다는 사실로 미루어, 이 '참여권'의 거래도 얼마든지 가능했을 것으로 보인다.

암스테르담 회의소를 통해 모인 청약금은 전체 청약금의 절반이 넘었다. 그후로도 주식 보유 비중이 계속 올라가면서, 암스테르담은 주식 거래가 가장 화려하게 꽃을 피우는 도시가 되었다.

1차 청약이 종료되고 며칠도 지나지 않아 네덜란드 동인도회사의 주식이 인기가 치솟으면서, 거래가는 액면가보다도 15%가 상승했다. 그리고 상승세가 계속 이어지더니, 1607년에는 가격이 거의 두 배가 되었다.

그러나 이듬해에 훗날 경쟁사인 프랑스 동인도회사La Compagnie Française des Indes Orientales 설립에 관여하게 되는 아이작 르 매르가 조직한 투기꾼 일당의 주가 조작으로 인해, 주가는 액면가의 130%대로 떨어졌다.

초기의 주식시장 '조작 세력'은 대량의 주식을 매도했으며, 한편으로는 '공매도'나 네덜란드 동인도회사에 불리한 소문을 퍼뜨려 주가 하락을 꾀하기도 했다.

이런 일련의 사태로 인해 1610년 2월 27일, 매도인이 주식을 보유하지 않은 채로 주식을 거래하는 이른바 '바람 장사Windhandel'를 비롯해, 주가 조작 행위를 금지하는 최초의 칙령이 선포되었다.

스페인과의 전쟁이 발발한 후 1621년에는 '바람 장사'를 금지

한다는 두 번째 칙령이 반포되었고, 이후로 연달아 추가 금지 조항들이 발표되었다. 하지만 주가 조작을 완전히 근절하지는 못했다.

거래량은 주가나 시장의 '조작' 수법에 따라서 편차가 컸던 것으로 보인다. 조금 전에도 말했듯이 네덜란드 동인도회사가 발족하고 처음 몇 년은 투기가 극성을 부렸다. 그러다가 1621년 아메리카 및 아프리카와의 무역을 목적으로 하는 네덜란드 서인도회사Geoctroyeerde West-Indische Compagnie, WIC가 설립되고, 이 회사의 주식 거래가 시작되면서 거래가 다시금 활발해졌다.

이후에 대對스페인 전쟁과 30년 전쟁 등 국내외 정세가 요동치던 1621~1648년의 암스테르담 주식시장은 제법 활발하게 돌아갔다. 이어진 20년간 잠잠했던 주식시장을 투기 열풍이 뒤흔들더니, 1672년 위기가 시작되었다. 그리고 이전 칙령이 반포되고 40여 년이 흐른 1677년에, 동인도회사 주주들을 보호하기 위한 새 칙령이 선포되었다.

1680년대 내내 주식 거래가 상당히 증가하면서, 처음으로 이 문제에 대해 활발한 공론화가 추진되었다. 1687년 암스테르담 법률가인 니콜라스 마위스 판홀리는 '바람 장사'의 폐해를 설명하는 소책자를 펴내야 한다는 의무감을 느끼게 되었다.

마위스 판홀리는 공화국과 동인도회사의 비밀을 캐내려 혈안이 된 전문 주식 딜러들이 존재하며, 이들의 목적은 '내부 정보'를 이용해 평범한 투자자들을 편취하려는 것이라고 지적했다. 그리고 투기 행위를 줄이기 위해서는 주식 매도를 모두 등기부상에 등록하고 세금을 매겨야 한다고 제안했다.

저자의 의견에 따르면, 포르투갈계 민족이 주식 투기를 주도하고 있고, 특히 소위 '두카톤Ducaton' 주식이라는여기에 대해서는 뒤에 자세히 설명할 것이다. 두카톤 또는 두카트는 3길더에 해당한다 가상 또는 허구의 단위로 하는 투기를 주도한다는 것이었다.

그러나 마위스 판홀리의 주장은 격렬한 반대에 부딪혔고, 그의 생각을 비난하는 소책자가 여러 권 출간되었다. 결국 1689년 1월 13일 암스테르담 시장은 거래세를 부과한다는 칙령을 선포했다.

이렇게 공방이 오가는 1688년의 상황에서 베가의 책이 등장했다. 거래소 내의 증거는 그가 주식 거래를 했던 전적이 있음을 보여준다. 어떤 자리에서는 자신이 주식 투기로 최소 다섯 번은 큰돈을 벌었고, 다섯 번은 큰돈을 잃기도 했다고 아주 과장된 어조로 말하기도 했다.

독자가 이 책의 독특한 문학적 성격에 구애받지 않는다면, 이 책을 읽으면서 주식시장의 모습이 대단히 사실적으로 묘사되고 있다는 것을 알 수 있을 것이다. 그는 독자에게 **주식 투기의 역사만이 아니라, 당시 시장에 횡행하던 다양한 투기 유형에 대해서도 소상히 알려준다.**

그리고 다 똑같지는 않지만, 오늘날 사용되는 주식 거래 용어가 17세기에도 사용되고 있었다는 사실은 충분히 놀랄 만하다. 차액Difference, 연장Prolongation, 청산Liquidation, 지정가Limits, 중개업Brokerage 등의 표현이 그때에도 이미 사용되고 있었으며, 이런 표현은 네덜란드인들의 주식 거래와 금융 거래를 통해 세상에 전파되었다.

또한 주가 상승을 노리는 투기꾼이 있는가 하면 하락에 돈을 거는 투기꾼도 있었고, 그들에게는 각자 중개인 추종자들이 있었다.

《혼돈 속의 혼돈》에 자주 나오는 '프레데릭에게 간청해'라는 표현은 네덜란드에서만 잠시 의미가 있었던 표현이기에 계속 사용되지는 않았다. 이 말은 앞에서 나온 1621년부터 몇 번 반포되었던 칙령들에서 자주 반복되었던 조항을 의미하며, 실제로 프레데릭 헨드릭 판오라녀 총독 치세 전의 일이었다이 조항은 프레데릭 헨드릭의 치세 시에 선포된 비슷한 두 개의 칙령인 1630년과 1636년의 칙령에 포함되었다.

칙령의 조항에 따르면 '공매도' 계약의(그리고 몇몇 다른 계약의) 매수자는 계약 이행을 거부할 수 있었다. 다시 말해 매수자의 계약 준수 거부를 법원이 지지해줬다. 보호의 범위에 포함할 수 있는 개인과 거래 유형에 대해서는 법정에서 논란이 벌어질 소지가 분분했지만, 투기의 위험성을 부각시킨다는 의도만큼은 분명했다.

어떤 면에서 1610년 칙령에서 시작된 '프레데릭에게 간청해'라는 조항은 이후의 칙령들에서 반복해서 등장한 '공매도'의 직접적인 금지를 이행하고 강화하는 수단이라고 간주할 수 있었다.

베가는 법률가가 아니기 때문인지는 몰라도 이런 칙령들을 '모호하게' 해석하는데, 그것은 이 책의 몇 가지 한계 중 하나다. 그럴지라도 **《혼돈 속의 혼돈》이 그 당시에 암스테르담 증권거래소에서 벌어지는 행각들을 '이성적으로' 현실감 있게 그려내고 있다는 것만으로도 현대의 독자에게는 충분히 읽을 만한 가치가 있다.**

가끔은 그가 앞뒤가 맞지 않게 설명하기도 하는데, 이건 그가 부주의하기 때문이거나(소설 작가가 으레 그러듯) 그의 머릿속이 '혼란스럽기' 때문이다. 또 가끔은 극작가로서 효과를 극대화하기 위해서인 듯 과장된 표현을 쓰기도 한다. 책의 구성을 보면 그런 특징이 충분히 이해가 가면서 그러려니 하게 된다.

내부 증거에 의하면, 베가가 처음에 준비한 것은 그의 형제들이나 다른 '포르투갈계 동포'들을 위한 일종의 주식 설명서였다고 한다.

런던으로 이주해 간 이 형제들은 암스테르담에서 막 고개를 들기 시작한 주식 투기에 참가하기를 원했을 것이고, 그래서 그도 처음의 사적인 편지 형태를 바탕으로 '문학 작품'을 만들기로 결정했다.

놀랍게도 번역 의도에 맞지 않는 문장들은 번역에서 제외했음에도 불구하고, 남은 문장들은 명문까지는 아닐지라도 앞뒤가

딱딱 들어맞는다. 어쩌면 의도했던 건 아니지만 이번 영어 번역본이 처음의 설명서에 근접하고 있을지도 모르겠다.

마지막으로 이 책에는 당시의 특정한 상황으로 인해 몇 가지 모순이 보이는데, 그건 그가 책을 쓰기 시작한 시기와 완성한 시기 사이에(또는 수정본을 쓰던 시기에) 네덜란드 동인도회사에 위기가 닥쳤기 때문이다. 네 번째 대화는 아주 긴 문장으로 이 불운한 사건을 설명하고 있다.

이런 여러 가지 문제점과 더불어 베가가 묘사한 증권 거래가 극단적일 정도로 복잡한 데다, 그의 문장 역시 과할 정도로 화려한 탓에 번역가의 재량을 발휘하는 것이 불가피했음을 밝힌다. 상황을 명료하게 설명하고 싶은 마음에 단어나 구문, 심지어는 문장을 통째로 (괄호 안에) 삽입하기도 했다.

번역가의 재량대로 번역한 문장이나 문단이 있다는 것도 밝힌다. 스페인어 원문은커녕, 독일어나 네덜란드어 번역본을 토씨 그대로 번역할 수 있는 학자는 아마도 없으리라 생각한다. 그럴지라도 베가의 생각만은 충실히 번역하려 최선의 노력을 다했다는 점은 알아주기를 바란다.

VI[1]

암스테르담 증권거래소 운영과 관련해서 《혼돈 속의 혼돈》에 나온 내용을 더 잘 이해하려면 본문에 나오는 표현이나 암시에 대한, 다음의 설명을 참조하면 도움이 될 것이다.

① 암스테르담 증권거래소에서 주로 취급하는 증권은 네덜란드 동인도회사 주식이었다. 1602년에 설립된 네덜란드 동인도회사는 크게 번성했다. 이에 비해 네덜란드 서인도회사 주식이 거래소에서 차지하는 비중은 상당히 미미한 수준이었다.

서인도회사는 동인도회사보다 비교적 젊었는데, 설립연도는 1621년이고 크게 번창하지도 못했다. 게다가 1674년에 자본 개편이 이뤄져 신주가 발행되었고, 이 신주는 주가 조작에 이용하기가 다소 어려운 편이었던 것으로 보인다.

네덜란드 공화국의 채권은 한두 번 정도만 언급된 것에 그치

[1] 이어질 내용은 기술적인 설명이 많이 나오는 데다 미국식 표현으로 바꾸는 것이 바람직하기 때문에, 번역 작업의 동료인 레드리히 박사와 켈렌벤츠 교수가 제공해준 어법에 의지했다.

지만 매매는 자주 이뤄졌다. 동인도회사도 채권을 발행했지만, 베가는 여기에 대해서는 구체적으로 언급하지 않았다.

실제로 서인도회사 주식의 매매는 '발행 시점'을 기준으로 행해졌던 것으로 보인다. 네덜란드 총독이 1621년에 반포한 칙령은 이렇게 단언하고 있다.

"믿을 만한 근거에 따르면, 일부 사람들이 인가를 앞둔 서인도회사 주식을 매도하는 행태를 보인다고 한다. 하지만 회사가 설립되고 곧바로 주식을 넘기려면 우선은 주식 대금을 치르고, 등록하고, 양도하는 작업부터 행해져야 할 것이다. 이런 종류의 행동은 우리의 권위와 의지와 선한 의도를 무위로 돌리는 짓이다."

양도할 수 있는 주식을 발행한 회사가 처음 등장하고 고작 19년이 지났을 뿐인데, 이런 행태가 벌어진 것이었다.»

» 이 부분에서 네덜란드인들이 얼마나 순식간에 창의성을 발휘하는지가 잘 드러난다. 이번 칙령에서는 동인도회사 주식 매수자와 매도자들이 너나없이, 이전 칙령이 선포한 벌금 조항을 '준수하지 않기로' 했다는 증거가 있음을 밝히고 있다. 그들은 당국에 중요 정보를 알려주고 벌금 일부를 돌려받을 기회를 거부하기로 합의했다.

② 동인도회사 주식의 명목 금액은 500플레미시 파운드네덜란드 플랑드르에서 사용하던 파운드화, **즉 3,000길더였다.** 1688년의 호가는 이 금액의 대략 580%였다. 따라서 당시 1주당 시장 가격은 사실상 17,000길더였다. 주당 가격이 이렇게나 높아진 것은 주식의 실제 매매를 대체하는 투기 수단이 고도로 발달된 것과 관련이 있었다.

③ 동인도회사가 발족하고 네덜란드 여러 도시의 상인들이 주식을 청약했다. 도시마다 다른 공동체에 속한 이 상인 주주들은 별도의 지역 '회의소'로 조직되어 회사 지배 구조에 참여하게 되었다.

지분을 가장 많이 소유한 회의소는 암스테르담 회의소였다. 다른 도시의 회의소들이 가진 지분 일부가 가끔 다른 회의소로 넘어가기도 했는데, 주가에 있어서는 암스테르담과는 놀라울 정도로 차이가 컸다. 다만 베가는 거의 전적으로 암스테르담에서 벌어지는 상황만을 논하고 있다.

④ 암스테르담 시장에서 활동하는 사람들의 면면은 다양했다. 부유한 투자자들, 대부분은 도시에서 상인으로 일하다가 더러

투기하는 사람들, 실질 주식이든 하위의 대체 주식이든 꾸준히 투기하는 사람들, 암스테르담은행과 주식을 담보로 잡아 돈을 빌려주는 사람들(이들 개개인도 '부유한 투자자들'이었다), 다양한 종류의 중개인들, 온전한 주식 거래와 비교해서 '차액' 결제할 금액을 계산해주는 '대조 전문가들', 그리고 1688년 직전까지 대체 주식두카톤 주식 거래를 비교해서 '차액'을 조정해주는 일을 하는 사람이 적어도 한 명은 있었다.

⑤ 암스테르담 시장에서는 여러 형태의 주식 거래가 행해졌다.

ⓐ 실질 주식을 거래하고 대금은 즉시 현금으로 치렀다.

ⓑ 주식을 거래한 건 비슷하지만 대금을 치르기 위해 시가의 최대 $\frac{4}{5}$ 까지 차입했다.

ⓒ 매달 정해진 결제일이 아니라 미래의 어느 날로 결제일을 특정하는 거래도 행해졌다.

이런 선물 계약의 목적은 투기와 헤지Hedge였으므로 투기꾼과 대금업자 모두 선물 계약을 이용했다. 베가는 대금업자들은 선물 계약을 이용해서 헤지를 했음을 암시한다.

담보라는 말이 처음 언급된 것은 1610년이며(그해 포고된 칙령에서였다), 매도자는 선도 계약 기간 동안 주식을 담보로 잡을 수 있었다.[1] 일자 조정도 가능했는데, 선물 계약 종료일을 연장하는 것이 가능하다는 조건하에 계약 쌍방이 상호 합의해서 일자를 연장하는 일도 상당히 빈번했다. 이런 조치를 '계약 연장Prolongation'이라고 했다.

전술한 선물 매도의 대부분은 실제로는 '공백 상태In blanco'의 매도로, 현대식 용어로 한다면 공매도였다. 하지만 네덜란드 공화국과 암스테르담에서 공매도는 법적으로는 금지였다.

ⓓ **옵션 계약이 행해졌다.**

적어도 콜옵션과 풋옵션은 그때부터 쭉 행해져 왔다. 계약 당사자는 계약 상대방이 콜옵션을 행사하면 정해진 일자와 정해진 가격에 약정된 수의 주식을 인도하기로 동의한 것이고, 상대방이 풋옵션을 행사하면 특정 일에 특정 가격에 특정 수의 주식을 인수하기로 동의한 것이다(이것 역시 일종의 선물 계약이었다).

---

[1] 매도자도 주식 담보가 가능했다.

베가는 '스트래들Straddle'과 비슷한 종류의 계약도 행해졌다는 것을 한두 번 정도 넌지시 말하지만, 구체적으로는 설명하지 않고 있다.

스트래들이란 한 번의 계약으로 특정 일에 특정 가격으로, 주식을 매수할 권리와 매도할 권리를 함께 사는 것을 의미한다.

'콜'이든 '풋'이든 옵션 계약의 매수자는 해당 권리를 사는 대가로 프리미엄을 지급했다. 프리미엄 가격은 상황에 따라 천차만별이었다. 계약 만기까지 남은 시간, 해당 주식의 가격 변동 가능성에 대한 옵션 매도자의 판단, 같은 시기에 체결되는 옵션 계약의 수, 그 밖의 중대한 영향을 미칠 만한 요소 등이 모두 반영되었다.

가끔은 진짜 투자자들도 헤지용으로 옵션 계약을 이용하기는 했지만, 그보다는 순수한 투기 목적에서 옵션 계약을 이용하는 것이 대부분이었다. 콜옵션 계약 매수자들은 (오늘날 상품거래소에서의 '선물' 계약처럼) 특정 일에 특정 가격으로 주식을 매수하는 것이 아니라, 계약 체결 당시의 가격과 계약 만료일의 가격 사이의 차액을 노렸다.

그건 헤지용으로 옵션을 이용하는 사람들도 마찬가지로, 주식의 양도나 양수는 그들의 주된 목적이 아니었다.

ⓔ '두카톤' 주식 매매라는 거래도 있었다.

이 거래는 1688년에는 비교적 새로운 거래 형태였으며, 베가가 책을 쓰면서 시작된 경기 불황 속에서 두카톤 주식 거래도 사실상 없어진 것이나 다름없었다. 그는 두카톤 주식 거래가 상당히 왕성했다고 말하지만, 그 거래액이 얼마였는지는 확실하게 밝히지 않는다.

이 시대를 연구한 학자들의 주장에 따르면, 두카톤 주식은 일종의 가상 주식이었다. 그러나 베가는 '큰 주식을 사고 두카톤 주식을 판' 트레이더들과 '큰 주식을 팔았기 때문에 두카톤 주식을 산' 트레이더들이 있다고 확언한다. 여기서 분명한 건 그가 말하는 '샀다'와 '팔았다'는 롱 포지션매수 포지션과 숏 포지션매도 포지션을 뜻한다는 것이다.

여하튼 학계 최고 권위자들은 이 거래에서 두카톤 주식의 명목 가치는 실제 동인도회사 주식 명목 가치의 $\frac{1}{10}$이었다고 말한다. 물론 진짜로 증권이 인도되는 것은 아니었으며, 주식 거래에서 가장 중요한 것은 매달 결제일에 손익을 계산해서 나온 결과였다.

실제로 거래를 위한 문서 작성도 거래 당사자들이 했다. 계약서에 명기된 결제일이 되어 예상 가격과 실제 가격에 '차이'가 발생하면, 계산을 잘못한 사람이 그 금액을 부담했다. 주식 거래란 주식시장의 미래 향방을 두고 도박하는 것이었으며, 두카톤 주식의 가격도 당연히 진짜 주식의 등락과 상당히 밀접하게 연동되어 움직였다.

베가는 지정된 날짜에 존경받는 두 사람이 선언한 가격에 따라, 이 가상 주식인 두카톤 주식의 가격이 어떻게 정해지는지를 설명한다. 그는 두카톤 주식의 가격이 확정되고 발표되는 날, 거래소를 뒤흔드는 흥분과 혼란을 언급한다.

거래소 관리가 가격을 나타내는 신호로써 막대기를 들어올리면 해당 기간의 거래가 법적으로 종료된다. 누군가는 막대기가 올려지는 것을 조금이라도 늦추려 애를 쓰고, 또 누군가는 어서 빨리 막대기가 올라가기를 바란다. 투기꾼들은 자신들이 원하는 것을 노골적으로 드러내며 소리를 질렀다.

또한 베가는 길모퉁이를 도는 투기꾼을 묘사하는데, 이 투기꾼은 두카톤 주식마저도 사거나 팔 형편이 되지 않아서 훨씬 작은 단위로 쪼개진 주식을 거래하지만, 허풍을 떠는 일에서만큼은 대단히 열심이었다.

⑥ **여기에 나오는 투기 대부분은 오늘날 미국인들이 익숙한 투기와는 성격이 크게 다르다는 점에 주목해야 한다.** 무엇보다도 투기에 대한 사고 자체가 달랐다. 미국에서는 일별 결제가 원칙이므로 심지어 대주貸株를 이용한 거래에 불과할지라도 주식 거래라고 하면 현물 주식을 매수하고 매도하는 것으로 생각한다.

반면에 17세기 암스테르담에서는 그리고 이후 몇 세기 동안 유럽 전역에서도 투기꾼들이 생각하는 주식 거래란 예상된 금액과 실제 발생한 금액의 '차액'을 주고받는 것이었다.

다시 말해 지급 금액, 매도 금액, 인도 금액, 수령 금액에 대해 서로 합의하는 것이다. 그러고 난 후에 이 금액이 약정한 기일의 전반적인 시장 가격과 차이가 나면, 그 '차액'을 주고받는 방식이었다.

이러한 월별 결제 방식이, 차액을 주고받는다는 사고와 행동을 발전시킨 비옥한 토양이었다. 결제일 전까지 누구든 횟수와 상관없이 여러 번 행동을 바꾸고 포지션을 바꿀 수 있었으며, 자신이 취한 거래 일부를 다른 거래로 '상쇄'할 수 있었다.

베가가 말한 '대조 전문가'가 등장하게 된 것도 이런 결제가 가능하기 때문이었다. 그는 대조 전문가를 (투기꾼들이) '서로 합의해서 약속한 내용을 비교하고 대조해서, 차액을 지급하거나 받아 주는 일을 하는' 중개인이라고 설명한다.

'대조 전문가'의 기원은 17세기 초였던 것으로 알려져 있지만, 베가는 이들이 비교적 최근에 와서야 왕성하게 활동했다는 뜻으로 말하고 있다. 분명한 점은 그는 이들 대조 전문가의 활동 영역이 대단히 크므로, 거래를 위해서는 이들을 확보해야 한다는 설명은 하지 않는다는 것이다.

그는 '총 수납원'이 이들과 비슷한 역할을 한다고 언급하는데, 이들은 두카톤 주식 관련 계약을 감독하고 기록하는 업무를 담당했다.

⑦ 앞에서도 말했듯이 주식 대금은 한 달에 한 번씩 몰아서 결제했다. 실질 주식의 결산일은 20일이었고, 대금 결제일은 25일이

었다. 두카톤 주식은 매달 1일이 결제일이긴 했지만, 베가는 매월 초와 중순 두 번에 걸쳐서 결제가 이뤄졌다고 말한다.

⑧ 암스테르담은행 계좌의 잔액을 이용해서 대금을 지급하는 경우도 많았다. 주식 대금은 이른바 '은행 미지급금'으로 통칭되었고, 옵션 계약 프리미엄은 '은행에서 곧바로 이체'가 가능했다.

암스테르담은행은 베가가 '한시적 계좌Time account'라고 부르는 기록을 유지했다. 이것은 월별 결제 과정, 시간별 계약 내용, 정부의 공매도 근절 노력과도 관련이 있는 준공식적인 기록이었다.

매도자는 대금을 받기 전까지 주식을 보유하고 있었음을 은행에 적절한 방식으로 통보해서, 공매도와 무관하다는 것을 입증할 수 있었다. 마찬가지로 은행은 매수자가 대금 일부를 차입할 때도 이런 '한시적 계좌'를 유지한 것으로 보인다.

동인도회사 주식은 홍정을 벌인 후에 이 손에서 저 손으로 넘어가는 종이쪽이 아니었다. 계약 당사자인 매수자와 매도자가 회사 사무실에서 직접 만나고, 회사 서기가 회사 장부에 적절한 거래 내역을 기입하고 나서야 비로소 주식 매도와 명의 이전의 효력이 발생했다한때는 민간은행이나 초기 상업은행에 보유한 계좌에서 잔액을 이체할 때에도 이 절차를 밟아야 했으며, 대륙식 결산법의 '지로' 절차와 현대 수표에 적힌 '__에게 지급한다'에도 이 흔적이 남아 있다.

⑨ 주식 매수와 매도는 (반드시는 아니지만) **중개인을 통해 행해지기도 했으며, 중개인에는 여러 부류가 있었다.**

첫 번째 구분은 국가에 서약을 한 공인중개인과 그렇지 않은 자유중개인으로 나눌 수 있다. 공인중개인은 정부에서 정식 면허를 받았으며, 수가 많지 않았고, 자기 계좌로 거래를 행하는 것이 법적으로 금지되었다. 자유중개인은 꽤 많았으며 공인중개인처럼 정부의 엄격한 통제를 받지는 않았지만, 베가는 이들에게 후한 점수를 준다.

두 번째 구분은 황소 편에서 일하는 중개인과 곰 편에서 일하는 중개인으로 나뉜다. 공인중개인과 자유중개인이 이런 식의 동맹을 결성했는지에 대해서는 설명이 없으며, 그런 식의 충성이 왜 존재하게 되었는지에 대한 설명도 없다.

황소 무리와 곰 무리가 치열하게 각축전을 벌였다는 것에서 나름의 이유를 찾을 수 있겠다. 또한 자유중개인들이 자기 계좌로 거래했다는 것에서도, 또 다른 이유가 있었을 것으로 보인다. 어쩌면 투기꾼들이 진정한 동지가 되어 줄 중개인들을 찾았을

지도 모르는 일이다. 하지만 베가는 중개인들이 충성심에 크게 얽매이지 않고 임의대로 이편저편을 오갔다고 말한다.

⑩ 암스테르담에서는 여러 장소에서 거래가 행해졌다. 보통은 오전에는 담 광장Dam Square에서, 이른 오후에는 거래소 건물 안에서 거래가 체결되었다. 하지만 저자는 커피하우스나 개인의 집, 심지어는 침대에서도 거래가 이뤄졌다고 말한다.

⑪ 증권 거래를 규제하는 효과적인 법적 제한 장치는 사실상 거의 없는 것이나 다름없었다. 법적 지급 의무를 준수하지 못한 사람은 파산을 선고받았으며, 상품이나 토지 등의 거래에서도 대금을 지급하지 못하면 파산이 선고되었다.

공인중개인은 물론이고, 자유중개인이 자기 계좌로 거래하는 것을 막기 위해 여러 조치가 취해졌다. 공인중개인의 자기 계좌 거래를 막을 정도로는 법이 충분히 강력하게 집행되었다. 하지만 자유중개인들은 다른 사업체를 설립해서 별도의 명의로 주식 투기를 했다. 베가는 다수 중개인이 자기 계좌로 주식 투기를 했다는 것을 대화 곳곳에서 밝히고 있다.

앞에서도 말했지만 공매도 근절을 위해 백방으로 노력했던 것으로 보인다. 네덜란드 총독은 일찍이 1610년 네덜란드에서 주식 거래가 행해진 첫날, 모든 공매도 거래를 금지하는 칙령을 반포했다. 그리고 잊을 만하면 같은 내용의 칙령이 재반포되었다. 1620년 이후로 여러 차례 반포된 칙령에 따라 투기꾼들은 '프레데릭에게 간청해'서 특정 유형의 계약 이행을 거부할 수 있게 되었다.

그러나 법의 실제 집행은 시장의 영역이었다. 계약에 개입할 의무가 있다고 생각하는 관리도 없었고, 베가 역시 관리가 공식적으로 개입한 사례를 단 한 건도 듣지 못한다. 예외가 있다면 아마도 개개인이 고소해서 진행되었을 법정 소송의 판결이었다. 기술적으로 불법인 거래로 인해 과도한 금액을 지급해야 하는 처지에 놓인 투기꾼은 '프레데릭에게 간청할' 권리가 있었고, 실제로도 일부 투기꾼들은 이 칙령에 억울함을 호소했다.

그러나 1688년에도 여전히 어떤 거래 유형이 이 칙령을 통해 구제받을 수 있는지는 구분이 명확하지 않았으며, 법원 판결 역시 모호하기는 마찬가지였다.

베가는 꽤 많은 시간을 할애해서 어느 선까지 구제받을 수 있는지 설명한다. 두카톤이나 다른 가상의 단위로 행한 거래는 누가 뭐라 해도 법적 구제 대상 밖이었고, 옵션 계약도 대상에 포함하기에는 다분히 문제가 있었다.

실질 주식 매도자들도 동인도회사 사무실이 보관하는 매수자의 '한시적 계좌' 등을 이용해서, 자신들의 매도가 합법적으로 행해진 것임을 입증해야 했다.

이렇게 제3자 예탁 방식으로 거래 절차를 조정한 것은 1613년부터였는데, 이는 주식 소유자가 정해진 시간에 매도하기로 약속하고는 나중에 '칙령'에 호소하는 것을 막기 위해서였다.

주식의 시장 가격이 인위적으로 눌리는 사태를 방지하거나 근절한다는 것이, 칙령 반포의 주된 목표였을 것으로 짐작된다. 현대식 표현을 빌리자면 '시장 조작'을 방지하기 위함이었다.

정부 당국은 이를 위해 주식을 소유하지 않은 상태에서의 매도 행위를 불법으로 규정했으며, 법적으로 금지된 거래에 대해서는 지급 거절을 용인해줬다. 1610년을 시작으로 이후 몇 년 동안은 처음에는 상품시장에서의 공매도만 법적으로 금지되었지만, 곧이어 주식 거래에서도 공매도가 금지되었다.

Ⅶ

마지막으로 진정으로 중요한 질문을 던질 차례가 되었다. 당시에 《혼돈 속의 혼돈》은 사회에 얼마나 영향을 미쳤는가? 그리고 애초에 이 책을 저술한 목적은 무엇이었는가?

첫 번째 질문에 대한 답은 알려진 것이 거의 없다. 이 책은 당시 투기꾼들이나 주식시장과 관련이 있는 사람들이 사용한 네덜란드어가 아니라 스페인어로 저술되었으며, 직접적인 해설서가 아니라 화려한 문체의 문학서 형태를 띠고 있다.

이 두 가지 특징만으로도 독자가 늘어나는 데 방해가 된 것은 물론이고, 베가가 살았던 시대의 사상이나 법률에도 그다지 깊은 영향을 미치지 못했을 것이라고 짐작할 수 있다.

게다가 저자가 펜대를 놀리느라 바쁜 동안 시장을 강타했던 위기와 이듬해부터 부과되기 시작한 매도세로 인해, 한동안은 투기 의욕이 크게 꺾였다. 그러는 동안 《혼돈 속의 혼돈》도 세간의 기억에서 사라졌다. 이 책은 20세기 들어 사학자들이 책의 진가를 알아보고 관심을 보이기 전까지, 단 한 줄도 네덜란드어로 번역되지 않았다.

하지만 1939년 네덜란드어 번역 작업에 참여했던 학자들에게는 물론이고 경제학도와 경영학도에게, 이 책은 대단히 귀중한 가치를 지니고 있었다. 《혼돈 속의 혼돈》만큼 암스테르담에서 행해진 주식 거래를 방대하게 서술한 책은 없었으며, 17세기 세계 어느 도시를 둘러봐도 암스테르담처럼 성숙한 주식 거래 문화가 발달한 곳이 없었다.

이 책을 숙독하고 주식 거래가 얼마나 빠르게 정교한 기법을 갖추게 되었는지를 알게 된 후에도, 그리고 네덜란드에서 고작 몇십 년 만에 '포르투갈계 유대인들'에 힘입어 현대의 투기꾼들도 능가하기 힘든 거래 수법과 책략이 만들어지게 되었다는 사실을 알게 된 후에도, 베가의 책이 지닌 의미는 전혀 줄어들지 않을 것이다.

대화 ❶

※ 책의 시작 부분에서 상인은 상인들의 신 메르쿠리우스(그리스 신화의 헤르메스에 해당하며, 전대[錢帶]를 가지고 있는 모습으로 표현된다. 수은이나 수성을 뜻하는 머큐리[Mercury]는 메르쿠리우스의 영어식 이름이다)의 상징이, 같은 사업가들의 활동을 나타내는 좋은 상징이라고 말한다.

이와 대조적으로 철학자는 '현금', '은행'과 같은 사업상 단어를 이용해 기지가 돋보이는 비유를 하면서, 현자의 삶이 주는 평온함을 강조한다. 그때 갑자기 주주가 대화에 끼어들더니, 주식이라는 독특한 형태의 사업이 있다며 토론을 주도한다. 철학자가 "주식이란 것이 무엇입니까?"라며 질문한다.

철학자 : 그게 무슨 사업인지요? 사람들이 말하는 걸 더러 듣기는 했지만, 나는 당최 모르겠고 이해하려고 애쓴 적도 없지요. 하물며 그런 주제를 설명하거나 쉽게 이해하게 해주는 책도 못 찾겠더이다.

주주 : 친애하는 그레이버드오래된 사람, 현자여, 이 수수께끼와도 같은 사업에 대해 정녕 아는 것이 없다면 무지한 사람이라고 말하지 않을 수 없구려. 이 사업은 유럽에서 가장 공정하면서도 가장 부당하고, 세상에서 가장 고결하면서도 가장 악명 높고, 지상에서 가장 순수하면서도 가장 저속한 사업이지요.

이것은 똑똑한 자에게는 시금석이요, 담대한 자에게는 묘비지요. 유용함의 보고이자 재앙의 원천이며, 한순간도 쉬지 못하는 시시포스의 맞수이자, 불의 바퀴에 사슬로 묶여 영원히 지하 세계를 떠돌아야 하는 익시온그리스 신화에 나오는 인물이다. 켄타우로스의 아버지로, 불경죄를 지어 불타는 수레바퀴에 묶인 채 끝없는 회전을 계속했다의 맞수기도 합니다.

철학자 : 그대가 이 사기극을 간략히 설명하거나, 이 수수께끼를 명쾌히 묘사해서 내 호기심을 충족해줄 수는 없을는지요?

상인 : 그건 나도 원하는 바입니다. 끝도 없이 지시를 내려야 하고, 상품을 선적하고, 환어음을 유통하는 게 나로서는 어찌나 고역인지. 이렇게 할 일이 많고 많으니 다른 돈벌이 방법을 찾게 되는구려. 그런 짜증나는 일들을 피할 수만 있다면야 손해를 볼 위험쯤은 감수해야지요.

주주 : 이 새로운 사업이 가진 최대이자 최상의 장점은 누구든 위험 없이 부자가 될 수 있다는 것이죠. 자본이 위험해질 일도 없고, 선수금 지급, 창고, 우편 요금, 출납원, 지급 유예나 다른 예상치 못한 사건에는 전혀 발을 담그지 않으면서도 부자가 되는 것을 기대할 수 있지요.

혹여 불운이 닥쳐 거래가 잘못되면 이름만 바꾸면 됩니다. 중병에 걸리면 구원을 얻으려 이름을 바꾼 히브리인들처럼요. 곤경에 처한 투기꾼은 이름을 바꾸는 것만으로도 충분하지요. 그러면 눈앞의 모든 위험이라든가, 심란한 불안에서 벗어날 수 있게 됩니다.

철학자 : 어떤 이름으로 바꿔야 하는지요? 필리페? 레오나르도? 디에고?

주주 : 아뇨. 사실 이 사업가는 목숨을 부지하려고 도망칠 필요도 없고, 속담처럼 '빌라 디에고의 타이츠를 신을' 필요도 없답니다.[1] 프레데릭[2]이라는 이름만 언급하면 되거든요. 그거 하나면 공포도 벗어던지고 쫓아오는 무리를 물리치는 데도 충분하고 말고요…….

그렇게들 원하시니 이 사업의 기원을 알려드리지요. 얘기를 들으면 주식이라는 것이 바보들만이 아니라 똑똑한 사람들을 위해서도 존재한다는 것을 알게 되실 겁니다.

1602년에 네덜란드 상인 몇이 모여 회사를 만들었어요. (네덜란드의) 최고 부자들이 출자했고, 총 자본금으로 64$\frac{1}{3}$톤의 금이 모였지요. 배가 여러 척이나 건조되었고, 1604년에는 모험을 떠나는 돈키호테처럼 동인도를 향해 출항했습니다.

회사 재산권을 수백 개로 나눠서 쪼갰는데, 쪼개진 부분(이윤에 대해 권리를 주장할 수 있는 것으로 '액티[주식]'라고 불렀지요)의 하나당 가격은 500플레미시 파운드,[3] 그러니까 3,000플로린유로화 통일 전까지 네덜란드 화폐였던 길더와 같은 화폐다이었지요.

그러나 사람마다 투자금이나, 투자 성향이나, 미래에 대한 기대치가 모두 달랐지요. 그래서 주식 하나를 다 청약하지 않고 훨씬 적게 청약한 사람도 많았습니다.

배들은 항로에서 풍차에 맞서 싸우지도 않았고, 마법에 걸린 거인을 만나지도 않았어요. 성공적인 항해와 점령에도 승리했고 값비싼 물건을 잔뜩 실어 귀항했으니, 카이사르의 '왔노라, 보았노라, 이겼노라'가 무색할 정도였고 이윤은 엄청났지요.

거기에 자극받아 사람들은 다들 주식을 가지려고 안달이었습니다. 회사는 자본금을 늘릴 셈으로 첫 번째 이윤 배분을 1612년까지 미뤘지요. 이때 경영진은 이윤의 57½%를 배당했고, 1613년에는 이윤의 42½%를 배당으로 지급했어요. 이렇게 해서 주주들은 출자한 돈을 다 돌려받은 데다 수익까지 아주 흡족하게 낼 수 있었지요.

▸ 원문은 이 스페인 속담이 두 가지 형태로 인용돼 있는데(Tomarlas de Villadiego와 Tomar las Calzas de Villadiego), 앞뒤 살피지 않고 도망간다는 뜻이다. 빌라 디에고는 스페인 부르고스주에 있는 도시며, 이곳에 사는 유대인들은 타이츠(Calzas)를 일종의 반바지 형태로 입었다. 카스티야의 종교 박해자들로부터 언제든 도망치기 쉬운 차림새였다.

▸▸ 네덜란드 총독인 프레데릭 헨드릭을 지칭한다.

▸▸▸ 이후로 저자가 말하는 '파운드'는 플레미시 파운드(네덜란드 플랑드르에서 사용하던 파운드화)를 의미한다.

회사는 이렇듯 꾸준하게 잘 커 나가면서, 세계 역사에 이름을 날린 눈부신 사업들보다도 더 크게 성장했답니다. 해마다 새 화물과 진귀한 물건들이 들어오고, 그걸 (처분해서) 이윤으로 배분되거나 경영진이 정한 규정에 따라서 경비로 사용됩니다(배당금은 이사진의 결정에 따라 정향으로 지급될 때도 있고, [약속] 어음으로 지급될 때도 있고, 가끔은 돈으로 지급되기도 했지요).

회사가 설립되고 우리가 대화를 나누는 오늘까지 분배된 배당금이 물경 1,482$\frac{1}{2}$%예요. 게다가 자본 가치도 올라서 5배가 넘었어요.

이 보물은 (거의) 해마다 열매를 맺으니, 나무에 비교해도 손색이 없죠. 몇 년은 꽃만 잔뜩 피고 말지만, 또 몇 년은 한 해에도 두세 번 열매를 맺는다는 우라바의 나무들하고[1] 똑 닮았고, 가지가 금이고 잎사귀가 에메랄드라는 시바이라인나무에도[2] 견

---

[1] 우라바(Uraba)는 콜롬비아의 지명이다.

[2] 시바이라인(Sibyline)은 여행 우화집에 나온 나무인 것으로 짐작된다. 발견의 시대에는 다양한 표본을 소개하는 여행 우화집이 출판물의 한 부류를 이루고 있었다.

줄 수 있고 말고요.

또 누군가는 이 회사를 낙원에 있는 선악과나무라고 하더군요. 모든 (지분의) 가지마다 어떤 일이 벌어지는지를 소상히 알게 해주기 때문이라나요.

그런데 내가 보기에 이 나무는 생명의 나무예요. 무수한 사람이 그 나무 그늘에서 생계를 이어 가고 있으니 말입니다. 그 열매에 만족하는 사람들은 감히 뿌리를 뽑아야 한다는 말은 하지도 못하죠. …… 회사가 사업을 꽤 잘하고 있다는 것을 인정할 수밖에요.

철학자 : 그 회사도, 그 회사 주식도, 원칙과 평판도, 눈부신 성공도, 시작과 발전도, 경영도, 이윤 배분도, 안정적이라는 것도 속속들이 다 이해가 가기는 하는데 말입니다. 그게 신비한 사업과 무슨 관련이 있다는 것인가요?

당신이 지적한 수법이라든가, 그토록 강조한 어려움이라든가, 위험이 없다는 것이나, 이름을 바꾼다는 것하고는 무슨 상관이죠? 나를 그토록 당황하게 하고, 황홀하게 하고, 혼란에 빠지게 했던 그 과장된 설명과 표현과는 무슨 상관이라는 겁니까?

주주 : (다시금 말씀드릴까요) 내가 말한 사업은 신비로운 사업이고, 유럽에서 가장 공정하고 고귀한 사업이고, 또한 세상에서 가장 그릇되고 악명이 높은 사업이기도 합니다. 이 사업이 필연적으로 게임으로 변했고 (그 일을 하는) 상인이 투기꾼이 되었다고 생각하면, 이런 모순된 진실이 이해가 갈 겁니다.

변질된 게 상인이 투기꾼이 되었다는 것 하나만이라면 입게 될 피해도 그럭저럭 감당할 만한 수준이겠지요. 더 심각한 문제는 주식중개인이 카드 야바위꾼 역할로 바뀌게 되었다는 겁니다. 그치들은 꽃을 피우는 건 잘하지만 열매를 맺게 하는 데는 영 아니거든요.[◗]

이건 중요한 대목이니 잘 이해하셔야 합니다. 주식 거래에 뛰어든 부류는 세 무리로 뚜렷하게 갈립니다. 제후는 첫 번째 무리고, 상인은 두 번째, 투기꾼은 세 번째 무리입니다.

첫 번째 무리인 금력이 큰 제후들과 대자본가들은 물려받거나 직접 산 주식에서 매년 배당을 받습니다. 그들은 주식 가격이 오

◗ 저자는 이 부분에서 언어유희에 탐닉하는데, 스페인어로 'Flor'는 '꽃'이라는 뜻도 있지만 카드 야바위꾼의 '술수'라는 뜻도 있다.

르든 내리든 신경쓰지 않지요. 그 사람들이 관심이 있는 건 주식을 파는 게 아니라 배당으로 받게 되는 수익이거든요. 그러니 주가가 오른들 상상 속에서나 즐거움을 누릴 뿐이지요. 혹여라도 '주식을 팔면 더 높은 값을 받을 수 있겠구나' 생각이나 하고 말 뿐입니다.

두 번째 무리는 상인들입니다. 그들은 (500파운드짜리) 주식 하나를 사서 자신들의 이름으로 (인도에서 좋은 소식이 들려오거나 유럽 평화협정이 타결되기를 기대하면서) 양도를 받아요. 예상대로 주식 가격이 오르면 그때 가서 주식을 팝니다. 아니면 현금을 치르지 않고 주식을 사지만, 미래의 특정 일에 더 높은 가격에 인도하기로 약속하면서 곧바로 매도를 시도합니다(즉 인도일에는 이미 더 높은 호가에 넘기기로 약속했기 때문이지요).

상인들이 그러는 건 혹시라도 (정치든 경제든) 상황이 변하거나 좋지 않은 소식이 들려올지도 모른다고 염려가 되어서니, (잠시나마) 투자한 돈에서 (얼마간이든) 이익을 보는 데 만족합니다.

상인들한테는 위험도 이윤만큼 중요해요. 그들은 조금 벌더라도, (비교적) 안전하게 버는 걸 선호합니다. 이 선도 거래에서 상대방이 지급 불능이 된다거나 예상치 못한 불가피한 사건이 생기는 건 어쩔 수 없지만, 다른 위험이나 근심은 떠안고 싶지 않은 것이지요.

세 번째 무리는 도박꾼들과 투기꾼들입니다. 그들은 얼마를 벌든 그 액수의 규모를 자신들이 직접 정하려고 하는 치들입니다. 원하는 결과를 만들려고……, 그치들은 운명의 수레바퀴를 이게 되었죠.

아, 앞뒤가 얼마나 다른 놈들인지! 아, 이 모사꾼들이 만들어낸 삶의 질서가 얼마나 대단한지! 크레타의 미궁이 아무리 복잡한들 그 인간들이 계획한 미로에 비하겠습니까!

이 무리는 한 주를 사기도 하고, 20주를 사기도 합니다(20주를 사는 경우는 대개는 '연대[Regiment]'라고 합니다). 그리고 (인도일인) 매달 20일이 다가오면 결제 방법은 딱 세 가지예요.

①번째 방법은 주식을 파는 겁니다. 그러면 매수가에 따라서 이익이 나든 손해가 나든 하겠지요.

②번째 방법은 주식 가치의 $\frac{3}{4}$ 만큼 저당을 잡는 것이지요(부유한 트레이더들도 신용에 위험이 없기 때문에 이 방법을 썼어요).

③번째 방법은 매수자가 주식을 자기 명의로 넘겨받은 다음

에, 은행 잔고에 있는 지급 가능한 금액만큼 매수가를 정하는 것이지요. 그런데 이런 '연대'를 하는 데는 오늘 자 가격으로 10만 두카톤이 넘게 드니, 아주 큰 부자들이나 쓸 수 있는 방법이지요.

결제일이 다가오는데 매수자가 주식을 인수하지도 않았고 담보를 잡지도 않았다면, 팔아야지 별수 없습니다. 가격 하락을 노리는 투기꾼들은 (즉, 곰들은) 이러한 교착 상태를 알아채고는 가격 급락을 꾀하죠. 그러니까 주식이 매수가보다 낮게 팔리게 하려는 것이지요(이러면 일부 투기꾼들은 아주 심각한 어려움에 처하게 될 수도 있지요)…….

이런 어려움에 빠진 (당연히 부도덕한) 사람들은 자신들이 어떻게 주장하면 상황을 모면할 수 있는지 잘 알고 있습니다. '매수자는 산 것에 대해 대금을 치러야 할 의무가 없다. 나는 그 매수에서 손해가 났다. 고로 나는 대금을 치를 의무가 없다'는 주장이지요.

철학자 : 그 소름 끼치는 어리석음에, 듣도 보도 못한 광기에, 섬뜩한 우매함이라니! 투기꾼은 주식 매수 대금을 치를 의무가 없다는 거 아닙

니까. 그런데 나로서는 의무를 다하지 않아도 되는 근거가 이해가 가지 않습니다. 바르톨루스나 발두스와[a] 같은 권위 있는 법률학자에게 호소할 수는 없는지요.

주주 : 그게 바로 이 주식 거래 사업의 요점이자 알맹이입니다. 어찌나 복잡한지 탈레스최초의 철학자이자 철학의 아버지로 불리며, 고대 그리스 7현인 중 하나일지라도 그 복잡함을 이해하지 못할 겁니다. 그래도 그대의 소크라테스에게서 우리는 우리가 알지 못하는 것에 대한 지혜를 배울 수는 있지요.

훌륭한 입법가는 솔론고대 그리스 7현인 중 하나며, 아테네 입법가만 있는 건 아니죠. 오라녜나사우 가문의 빛나는 별인 프레데릭 헨드릭이 (현명한 근거를 들어) 통치 지역에 조례를 반포했습니다.

주식을 한시적 계좌에 올리지 않은 채로 미래에 인도하기로

[a] 바르톨루스 데삭소페라토(Bartolus de Saxoferrato, 이탈리아어 Bartolo da Sassoferrato, 1313~1357년)와 그의 제자인 발두스 데 우발디스(Baldus de Ubaldis, 이탈리아어 Baldo degli Ubaldi, 1327~1400년)는 14세기의 저명한 중세 법학자였으며, 17세기에도 여전히 존경받는 법률학자였다.

약속하고 매도한 사람은 (그가 소유하지 않은 지분을 팔았으므로) 확정된 날짜에 매수자가 주식을 인수해주지 않을 수도 있는 위험에도 노출되어야 한다는 내용의 조례였지요.

투기꾼들이 이 상환청구권을 (이 유명한 총독의 이름을 붙여서 '프레데릭에게 간청해' 권리였죠) 들먹이며 보호받을 수 있다고 주장하는 순간, 폭풍이 멈추고 공격이 그치고 소요가 잠잠해졌습니다…….

이게 바로 주식시장의 깊고 위험한 물속에서 벌어지는 일들이지요. 그 물에서 헤엄치는 사람은 계산을 잘해야 합니다. 물이 목까지 차오르면 기껏해야 목숨을 부지하는 게 다니까요. 그러니 당황하지 말고 첫눈에 들어오는 가장 좋은 지푸라기부터 잡고, 수영에서 제일 중요한 건 위험을 피하는 것이라고 선언해야 합니다.

(제일 어처구니없는 일은) 돈을 홀라당 잃었던 사람들이 어떤 때는 여섯 달도 지나지 않아서 일전에 주식을 거래했던 사람들과 또 거래한다는 겁니다. **그들에게 돈을 다 털렸으니 나름대로 새로 주식 거래에 쓸 돈을 융통할 신용이 생겼는데, 그래봤자 더 큰 돈을 잃는 길이 열리는 것이지요.**

손실이 발생하면, 손해를 입은 사람은 최소한 당장 지불할 수 있는 금액만큼은 갚아야 합니다. 그리고는 **상처에 새 살이 날 즈음이면 다시 상처 입을 일이 없을 것이라는 기대감이 슬슬 자라나죠.**

"한 번 맛본 사람은……"이라는[*] 속담이 아무리 그런 행각을 경고하면 뭐 합니까. 감정의 힘에 휘둘리느라 속담의 경고를 무시하게 되는 것을요. 어떤 방법으로도 우매하게 유혹에 빠지는 걸 막을 수가 없습니다.

다 그렇게 바보처럼 군다는 건 아닙니다(그러니까 '프레데릭에게 간청하'고는 다시금 투기하는 것 말입니다). 그 (공매도의 권리 행사 정지를 반포한) 칙령을 거론하는 사람들도 많기는 하지만, 그건 꼭 그래야만 할 때에 한해서죠. 주식을 거래하다가 예상하지 못한 손실이 발생했을 때만 그렇게 하는 것이지요. 어떤 이들은 귀중품을 박박 긁어내 팔면서 의무를 이행하다가 정말 기가 막힌 순간에 불운이 뒤집히기도 합니다.

[*] 저자는 스페인 속담인 '한 번 바구니를 만들면 백 개를 만들게 된다(Quien hace un cesto, hara ciento)'의 일부를 인용하고 있다.

내 친구 중에는 엘리야구약성서에 나오는 선지자 겸 기적을 행한 자처럼 죽은 자를 깨우기 위해서가 아니라, 산 자를 묻기 위해 저택 안에서 분주하게 움직이다가 손실의 슬픔에서 벗어난 희한한 친구도 있어요.

이 친구는 삼십 분 정도 혼잣말을 하다가 대여섯 번 정도 한숨을 내뱉었어요. 그런데 그 한숨은 절망의 한숨이라기보다는 안도의 한숨에 가까웠죠. 기뻐하는 연유가 채권자와 합의가 잘 되었기 때문이냐고 물었더니, 그 친구가 뭐라고 대답했는지 아십니까.

"그 반대일세. 나는 돈을 한 푼도 치르지 않기로 지금 막 결심했다네. 내게는 마음의 평화와 내 이익이, 내 신용과 명예보다도 더 중요한 의미를 지니거든."

일의 전말이라든가 그 터무니없고 예상도 못한 결론에 내가 얼마나 박장대소를 했는지 눈물을 쏟을 뻔했지 뭡니까. 요나구약성서에서 고래 배 속에 사흘 동안 있었지만 기도를 열심히 해서 살아났다처럼 위험의 한복판에서도 태연자약한 사람들이 많은 게 현실입니다.

아담은 벌거벗은 몸을 부끄러워했지만, 거래소에는 (채권자들이 불이익을 당할지언정) 자기 돈을 악착같이 지킨 것을 부끄러워하지 않는 사람이 많습니다…….

철학자 : 내 천성에 거슬리기는 하지만, 세 가지 큰 장애물이 가로막지만 않는다면 나도 (거래소에서) 운을 시험해볼 것 같소이다.

첫째 장애물, 모든 바람이 폭풍우의 전조고 모든 파도가 난파의 조짐인 그 위험천만한 배에 승선하는 것이 옳은 일인지부터가 의문입니다.

둘째 장애물, 나의 제한된 자본으로도 충분히 승리할 수 있습니다. 단 평판쯤은 (기꺼이) 가볍게 내던질 수 있어야 하지요. 품위가 땅에 떨어졌는데 그걸 보상할 돈도 벌지 못한다니, 생각만으로도 공허하고 정신 나간 짓이군요.

셋째 장애물, 주식 거래 사업에 몰두하는 건 철학자인 나에게는 하등 쓸모가 없어요. 게다가 내 생활이 빈한하다는 걸 다들 잘 아는 마당에 내게 신용을 주고, 내 수염을 믿을 사람이 있을 턱이 없죠(내 계좌로 주식을 산들, 내가 대금을 치를 수 없다는 걸 잘 알 테니까요).

내가 돈 주앙 드 카스트로도[1] 아니고, 디오니소스 신화에 나오는 금으로 된 수염을 가진 아스클레피오스도 아닌데, 내 수염을 담보로 돈을 빌려줄 사람이 있을 리가요.

주주 : 세부 사항까지 거론하지 않아도 걱정하시는 부분들은 얼마든 극복할 수 있어요. (말씀드릴 수 있는 건) 배가 난파되지 않도록 막아줄 밧줄도 있고 폭풍을 이겨낼 닻도 있으니, 처음 장애물은 해결된다는 겁니다.

'옵시Opsies, 라틴어로 선택이라는 뜻의 Optio에서 따온 말', 그러니까 프리미엄Premium, 명사로는 '보험금, 할증료'를 뜻하며 형용사로는 '고급의'라는 의미다. 일정한 가격이나 급료 따위에 여분을 더하여 주는 금액을 지급하면 위험은 지극히 낮게 부담하면서, 이익은 상상하고 희망했던 것보다 더 많이 벌 수 있지요.

이 예방 조치를 취하면 좋은 게 두 번째 문제도 유명무실해진다는 겁니다. '옵시'로 처음에는 이득을 보지는 못했지만, 대신에 신용이 위험해지지도 않았고, 평판이 무너지지도 않았지 않습니까. **그러니 훗날을 위해 프리미엄을 계속 지급하면 가격이 몇 년은 유지될 것입니다. 그러면 돈을 몽땅 잃을 일도 거의 없고, 그러다 보면 좋은 일이 생길 겁니다.**

포르투갈의 학자이며 탐험가인 주앙 드 카스트로(1500~1548년)를 말한다.

프리미엄을 걸고 체결된 계약이니만치, 프리미엄 지급자는 선구안은 물론이고 넉넉한 인심으로도 좋은 평판을 얻을 테죠. 고로 계약 종료일을 계속 미루면서 새 계약을 체결하세요.

결국 하나의 계약이 열 개의 계약으로 불어나니, 이 사업은 단순하고 확실한 결말로 귀결하게 됩니다. 당신이 모든 계약마다 (번번이) 운이 따르지 않고 사람들도 당신을 미심쩍어하기 시작하면, 그때는 (드러내놓고) 이 프리미엄 거래에 도박을 걸어서 그런 빈틈을 메꾸세요(다시 말해 프리미엄 금액만큼 돈을 빌리는 것이지요). 그런 방법이야 워낙에 널리 퍼진 관행이니 신용을 대출 (그리고 곤란에 빠진 당신이 명예가 실추되지 않고도 이기도록 도와줄) 사람은 금방 찾을 수 있지요.

세 번째 장애물로 철학자가 투기하는 건 올바른 처신이 아니라고 하셨는데, 그게 무슨 상관인가요?

거래소는 온갖 종류의 동물을 다 숭배한 이집트 사원들과 비슷합니다. 헤라클레스 사원에는 파리가 없지만, 증권거래소에서는 무수한 인간 군상이 헤라클레스의 힘으로 돈의 파리를' 잡으려고 하지요. 많은 투기꾼이 그러려고 독을 퍼트리고, 보이지 않는 실을 펼치죠…….

나라면 '옵시'를 이렇게 설명할 겁니다. 프리미엄을 지급한다는 건 자기 주식을 지키거나 이익을 확보할 목적으로 값을 치르는 셈입니다. 날씨가 좋을 때는 그걸 돛 삼아서 행복한 항해를 만끽하고, 폭풍우가 일 때는 그걸 닻 삼아 안전을 도모하는 것이지요.

지금 한 주당 가격은 580파운드예요. (이렇게 가정해볼까요) 내가 보기에는 인도에서 풍성한 화물이 들어온다거나, 회사가 이익을 크게 낸다거나, 상품이 좋은 평판을 얻는다거나, 배당이 기대된다거나, 유럽 평화협정이 체결된다거나 하면 주가는 크게 오를 것 같습니다. 하지만 나는 주식을 사지는 않기로 하죠. 만에 하나 내 계산이 잘못된 것이라면 손실이 나서 크게 곤욕을 치를까 무서워서죠.

하여 내가 선택한 방법은 옵션을 사려는 사람을 찾아서, 그들에게 특정 일에 한 주당 600파운드에 인도하는 조건으로 얼마나 (프리미엄을) 요구할 것인지 문의하는 겁니다.

▸이 부분은 조셉 드 라 베가의 언어유희인데, 스페인어 'Mosca'는 '파리'도 뜻하고 '돈'도 뜻하는 동음이의어다.

내가 그 사람들이 제시한 프리미엄 가격에 동의하면 은행에 가서 곧바로 (옵션 수취인에게) 옵션을 넘기고, 프리미엄 가격 이상으로는 손해가 날 일이 없을 거라고 안심하게 되지요. (주식) 가격이 600파운드를 넘으면 넘는 금액은 고스란히 내 이익이 되는 것이고요.

혹여 가격이 떨어진다고 해도 내 명예를 걱정하거나 불안해하지 않아도 되고, 평정심이 흔들릴까 겁먹을 필요도 없어요. 주가가 600선에서 오간다면 나는 (당연히) 결정을 번복하고 전망이 기대만큼 좋지 않다는 것을 깨닫겠지요.

(내가 할 수 있는 건 둘 중 하나예요) 나는 (시간을 정하지 않고) 주식을 팔기로 해요. 이건 위험도 없고, 가격이 떨어지면 그 금액만큼이 내게는 고스란히 이익이 됩니다. (아니면 옵션 계약을 또 할 수도 있어요. 앞의 거래에서) 프리미엄 수령인은 계약한 가격에 주식을 인도해야 할 의무가 있었고, 주가가 오르더라도 내가 잃는 건 딱 프리미엄 금액만큼입니다.

주가 하락이 기대된다면 나는 똑같은 거래를 (반대로) 할 수가 있어요. 정해진 가격에 주식을 매도할 권리를 프리미엄을 주고 구입하는 겁니다.

아니면 이 기간 동안 내가 직접 프리미엄을 커버할 수 있는데, 이렇게 해서 나는 행운이 오기를 기다리는 것이 아니라 내가 직접 입장을 여러 번이고 성공적으로 번복하게 되는 것이지요.

하지만 프리미엄 수령자는 돈을 받기는 받되, 정해진 날짜에 주식을 매수해야 하는 위험이 따르니, 마음속 불안을 안고서 돈을 챙기게 되는 것이지요.

네덜란드 사람들은 이런 옵션 계약을 '옵시'라고 부릅니다. 라틴어로 선택이라는 뜻의 '옵티오Optio'에서 따온 말입니다. 프리미엄 지급자가 두 경우 중[1] 어떤 선택을 하느냐에 따라서 프리미엄 수령자에게 주식을 매도할 권리를 사는 것일 수도 있고, 주식을 매수할 권리를 사는 것일 수도 있으니 그때그때 의미가 달라지죠.

---

[1] 이 표현이 없으면 '스트래들(Straddling)'과 혼동의 소지가 다분하다. 스트래들이란 하나의 프리미엄 값만 지급하고 매수할 권리와 매도할 권리를 동시에 사는 것을 의미한다. 하지만 다른 곳에서 스트래들을 뜻하는 표현이 나오지 않으므로, 이 부분의 설명은 두 옵션 계약을 별개의 것으로 다루고 있다고 봐야 한다.

저 유명한 칼레피노[»]는 '옵티오'의 어원을 마음대로 고르다는 뜻의 '옵타르Optare'에서 찾으니만치, 여기서 정확한 어원학이 빛을 발하고 있지요.

프리미엄 지급자는 본인한테 가장 유리한 선택을 하고 싶겠지요. 그러니 오판으로 드러날 때를 대비해 (처음의) 선택의 결과에서 빠져나갈 구멍을 언제든 마련할 수 있답니다…….

» 이탈리아의 사서(司書)며 라틴어-이탈리아어 사전 편집자인 암브로시오 칼레피노(Ambrosio Calepino, 1435~1511년)를 가리킨다.

대화 ❷

주주 : 거래소의 움직임은 설명이 불가능하고 정해진 것은 아무것도 없다는 식의 결론부터 내려서는 안 됩니다. 그러려면 주가 상승의 원인도, 주가 하락의 원인도 세 가지가 있다는 것을 깨달아야 합니다.

'인도의 상황, 유럽 정세, 그리고 거래소에서 드러나는 의견이지요.'

이 마지막 이유로 인해 (이런) 새로운 소식 같은 건 대개는 별 가치가 없어요. 소식이 들려온들 상충 작용이 벌어져, 주가가 반대 방향으로 움직일 수도 있으니까요.

똑똑한 투기꾼이 잉글랜드든, 알레포든, 어디든 거쳐서 인도 쪽과 서신을 나누기를 원한다고 가정해볼까요. 이 투기꾼은 그곳 정세가 잠잠한지, 회사 사업은 잘 진행되고 있는지, 일본이나 페르시아나 중국에서 벌인 사업은 순조로운지, 본국으로 귀항하는 배가 많은지, 배에는 화물을 그득 싣고 있는지, 무엇보다도 향료를 많이 싣고 있는지 궁금해 죽을 지경이지요.

쉽지는 않았지만 일이 어떻게 진행되는지 그럭저럭 정보는 다 확보할 수 있었죠. 하지만 원하는 정보를 다 얻었다고 해도 덮어놓고 돈을 잔뜩 거는 건 현명한 짓이 아닙니다.

자신의 (금전적) **능력보다 훨씬 더 많은 돈을 투자한다면, "상차림이 위장보다 커서는 안 된다."는 세네카의 충고를 무시하는 것이지요.** 투기꾼은 부담감에 거꾸러지고, 그의 어깨에서 세상이 미끄러지는 것을 피할 수 없습니다. 그는 거인 아틀라스가 아니기 때문이지요.

좋은 소식이 들려왔다고 합시다.(개인적으로 편지를 주고받으며 잠정적으로 내린 결론일 뿐이라도 말입니다) 제때 들어온 보고서에 배가 들어온다는 행복한 소식이 담겨 있다고도 치죠.

그러나 소식을 받자마자 곧바로 뜻밖의 사고가 터지고, 이어서 (회사가) 사업상 내린 결정이 그 소식의 찬란함과 흐뭇함을 무너뜨릴 수도 있는 것이지요. 이를테면 항구에 정박한 배가 가라앉아 희망이 난쟁이처럼 쪼그라들 경우가 있다는 말이죠.

인도에서 좋은 소식이 들려온들 뭐 합니까. 투기꾼은 유럽 정세에도 촉각을 곤두세워야 합니다. 해군 재무장으로 불안감이 촉발되지는 않을까, 연합 세력에서 문제가 불거지지는 않을까, 다른 (전쟁) 준비로 주가가 붕괴하지는 않을까 노심초사해야 하지요.

이러니 어떤 투기꾼들은 인도 소식에 가격이 오를 것이라고 믿고 주식을 사들이고, 또 어떤 투기꾼들은 불안정한 유럽 정세 때문에 주식을 파는 혼잡한 양상이 벌어지는 겁니다.

유럽 정세가 불안정하면 수입품으로 버는 (흡족한) 수익이 줄어들면서, 다른 한편으로는 세금이 올라 (유럽의) 물가가 상승하겠지요. 제후들이 꽁꽁 숨겨 둔 속내가 무엇인지 알아낼 묘수가 있다고 한들 (교외의 도시들은 바빌론 함락을 사흘 후에나 알게 되었죠) 투기꾼들 마음은 오락가락하니, 결정도 언제든 번복될 수 있지요…….

주식 거래 사업이라는 건 이토록 어렵고 놀라운 일투성이니, 반드시 4가지 수칙을 명심해야 합니다.

첫 번째 수칙, 절대로 그 누구에게든지 주식을 매수하라, 매도하라 조언해서는 안 된다는 겁니다. 통찰력이 떨어진 사람에게는 아무리 선의로 한 조언이라도 결과가 안 좋을 수 있기 때문이니까요.

두 번째 수칙, 놓친 이익을 안타까워하거나 후회하지 말고 챙길 수 있는 이득은 다 챙기라는 겁니다. 유리한 국면이 계속되는 행운이 지속되기를 바라지 말고, 취할 수 있는 것을 누리는 것이 현명한 행동입니다. 뱀장어가 도망가는 속도는 생각보다도 더 빠르기 때문이지요.

세 번째 수칙, 주식 거래로 버는 이익은 고블린의 보물유럽 설화에 등장하는 도깨비 또는 사악한 요정을 의미하며, 반짝이는 물건을 좋아해 보이는 대로 다 훔친다고 한다 **같은 겁니다.** 어느 순간에는 카벙클루비, 석류석처럼 붉은색을 띠는 보석을 둥글게 연마한 것이던 것이 석탄 조각이 되었다가, 다시 다이아몬드나 부싯돌이고, 또 어떤 때는 아침이슬이거나 눈물로 바뀔 수 있습니다.

네 번째 수칙, 가치는 지속되기 힘들고 소문은 진실에 기반하는 일이 드물기에, 이 게임에서 이기길 바라는 사람은 누구든 인내와 돈을 갖고 있어야 합니다.

불운을 두려워하지 않고 충격을 견디는 법을 아는 사람은 천둥에 혼비백산하여 숨을 곳을 찾는 암사슴이 아니라, 천둥에 포효로 응답하는 사자와도 같습니다. 확실한 건 희망을 포기하지 않은 투기꾼이 끝내 이겨, 처음 구상했던 작전에 합당한 돈을 번다는 사실입니다. 하도 우여곡절이 많다 보니 투기꾼들은 웃음거리로 전락하죠.

꿈에 이끌리는 투기꾼이 있는가 하면, 예언이나 망상이나 분위기에 휩쓸리는 투기꾼도 있고, 또 키메라를 쫓는 투기꾼도 무진장 많으니까요.

상인 : 이 사기 행각을 벌이는 사람들은 몸속에 빛이 있어 자신들을 이끈다고 말하는 영국 퀘이커 교도들과 비슷해 보이는군요퀘이커교의 시작은 미국이 아니라 영국이다. 이 글이 쓰인 1680년대에 영국의 퀘이커 교도는 이미 8만 명에 달했다. (말씀하신 대로라면) 정말로 이들 주식 거래자들은 불안감으로 그득하고, 광기와 오만함과 우매함에 휩싸인 바보군요.

그들은 근거도 없이 주식을 팔고, 이유도 없이 사는군요. 그 사람들은 뭐가 맞는 행동인지를 알게 되겠지만, 그들이 딱히 (잘하거나) 잘못을 저지르지 않아도 그릇된 행동을 하겠군요. 성령이 자기들을 이끌었다고 믿을 테지만, 그게 아합이 속임수를 쓰도록 이끈 성령인지, 사울이 분노하도록 이끈 성령인지는 모르는 것이지요.

주주 : 그 주장에는 뭐라고 반박할 수가 없네요. 어떤 투기꾼은 꿈에서 네부카드네자르 2세성경의 느부갓네살 왕의 조각상이 나와서 바로 주식을 팔았다고 합니다.

그 투기꾼의 해몽인즉 이렇습니다. 네부카드네자르 조각상이 조약돌 하나에 쓰러졌으니, 동인도회사의 중국 사업이 실패할 거라는 말이지요. 그래서 인도에서 오는 배가 도착하면 주가 폭락이 불을 보듯 뻔하다는 것입니다…….

(또 다른) 투기꾼이 거래소 건물에 들어갔더니 당혹한 나머지 뭐가 그릇된 판단이고, 뭐가 옳은 판단인지 도통 모르겠더랍니다. 그러다 불현듯 영감이 떠올라 "Vende los Kirien!"이라고 외쳤다더군요"아무도 이해하지 못한다."는 뜻의 거래소 은어다. 문자 그대로의 뜻은 '그대들의 기도를 파시오'라는 뜻이다.

그 투기꾼은 눈앞에 보이는 것이 구름의 움직임인지, 거리의 영구 행렬인지 분간이 안 된 거지요.

이런 와중에 침착하려고 기를 쓰는 투우사도 등장합니다. 그는 어떤 방법이 이익을 내기에 가장 좋은지 몰라 갈팡질팡하는 탓에 손톱을 물어뜯기도 하고, 손가락을 잡아 비틀기도 하고, 눈을 감기도 하고, 네 번 걸음에 네 번 혼잣말하고, 치통이라도 있는 듯 뺨에 손을 갖다 대고 골똘히 생각하는 표정도 짓고, 손가락 하나를 쭉 내밀기도 하고, 눈썹도 문지릅니다. 그럴 때마다 속내 모를 헛기침을 내뱉는 모양새가 행운의 손길을 자기편으로 끌어올 수 있다고 생각하는 듯 보입니다.

그러다 갑자기 투우사가 격렬하게 군중을 향해 돌진하더니, 한 손으로는 딱 소리를 내고, 다른 손으로는 별거 아니라는 식의 손짓을 하면서, 커스터드 과자를 사기라도 하듯이 주식을 사기 시작하지요. 그가 제한을 두지 않고[◗] 최대한 많이 닥치는 대로 주식을 싹쓸이 주워 담으니, 그의 귓가에 울리는 나팔소리

◗ 조셉 드 라 베가는 이 표현 뒤에 'Resto abierto'라는 삽입 어구를 넣었는데, 카드 사기꾼의 은어인 이 말은 '제한이 없는 판돈'이라는 뜻이다.

만이 그를 움직이는 동기이자 근거겠지요.

게다가 그는 상황을 유리하게 만들고 싶을 때 특이한 인상을 남깁니다. 거래소 사람들은 그의 나팔소리가 현명한 것뿐만 아니라, 어리석은 것도 저지를 수 있게 한다고 믿습니다.

이제 투우사는 완전히 진정되기라도 한 양 무리와 똑같이 침착하게 행동하네요. 그러다가 갑자기 흥분하더니 주식을 마구 팔아 재끼기 시작했는데, 손가락 사이에 쥔 코트 단추 개수가 홀수인 게 이유라나 뭐라나요. 투우사가 이기면 단추가 장미 봉오리로 바뀔 거고, 지면 가시덤불로 바뀌겠지요.

투기꾼들이 이런 극단적 상황에 대비해 보호책을 만들어놓지 않을 리가 없죠. **그들은 주가가 내림세일 때는 주가를 올릴 수 있는 이유를 만들고, 한창 과열일 때는 가격을 내릴 수 있는 이유를 만들어내는 데 도가 튼 사람들이에요.**

학자들은 '안티페리스타시스Antiperistasis'[»]에 의해 반발력이 더 크게 작용하게 된다고 말합니다. 공기가 불꽃과 싸움을 벌이

[»] 그리스어로 '반작용'이라는 뜻이다.

면 불꽃은 커다란 화염을 뿜어내죠. (투기꾼들은 원하는 것과 반대되는) 결과가 나오는 것을 두려워하니, 이기려고 더 기를 쓰는 것이지요.

더러는 주가가 꽤 안정되어서 좋은 소식도 나쁜 소식도 거래소에서 힘을 쓰지 못하기도 합니다. 갑자기 폭풍우를 머금은 구름이 다가옵니다. 주식 매도자들은여기서는 가격 하락에 베팅해서 매도 포지션(Short Position)을 취한 투기꾼을 의미한다 기뻐하면서 시황의 불확실성이니, 재앙의 가능성이니 하는 말을 떠들어댑니다.

황소들이 침수를 막고 예상이 어긋나 망신살 당하는 것을 피하려고 번개처럼 빠르게 돌진하는군요. 이 황소들은 하데스 입구에서 하피 떼와 뱀 떼와 켄타우로스 떼를 만났지만, 무서워한다거나 두려움에 담대함이 얼어붙는다거나 하지 않고 용감하게 칼을 꺼내든 아이네이아스와 비슷하네요.

작은 접전이 계속되다가 결국 가격은 혼란이 있기 전보다도 올라갑니다. 음모가 있을 것이라고 의심하지 않았기에 싸울 생각도 하지 않고, 하던 대로 평화롭게 행동하던 거래소의 큰손들이 공격을 받고 잠에서 깨어났기 때문이지요. 그들은 온 힘을 그러모아 이 작은 접전을 치르면서 약자의 편에 선 것을 자랑스러워합니다.

이렇게 장애물이 장점으로 바뀌었고, 주식 매수자들을 심연으로 처박으려던 운명의 힘이 이제는 그들에게 격려하는 선물을 안기는군요.

이러한 모든 불합리, 모순, 광기, 의심이 난무하고 이익이 불확실할지라도 유력가의 정치나 사업에 대한 견해가 어떤지 알아볼 방도가 없는 것은 아닙니다. 맹목적인 열정이나 쓸데없는 고집에 사로잡히지 않고, 양심적으로 거래소를 관찰하는 것을 업으로 하는 사람이 내놓는 의견은 매번은 아닐지라도 자주 들어맞을 것입니다.

그런데 정작 관찰한 결론을 내리려고 하니 아무리 지혜를 그러모아도 이 게임을 예측할 수가 없고, 어떤 과학으로도 충분히 설명할 수가 없음을 알게 됩니다.

(거래소의) 부유한 사람들마저도 흐름이 불리할 때는 반작용을 원하는 데다, 아시아의 나병 환자들처럼 거래소도 가벼운 질환은 이독 제독의 방법으로 치료하니까요. …… 고로 좋지 않은

소식이라고 해서 딱히 치명적인 소식은 아니다 이겁니다.

이 도박 지옥에는 서로 대적하는 두 부류의 투기꾼이 존재한다는 것만은 꼭 말씀드리고 싶군요. 이들은 결정도 반대로 내리고, 내가 보기에는 운명도 반대죠.

첫 번째 부류는 황소들인 '리프헤브헌 Liefhebberen, 프랑스어와 함께 벨기에의 공용어인 플라망어로 '연인'이라는 뜻이다**'입니다.** 이들은 마치 공화국과 주와 회사의 연인처럼 굴면서, 거래소에서 일단 주식을 매수하는 것부터 시작합니다. 그들은 언제나 주가가 오르기를 바랍니다. 좋은 소식이 들려오면 시장이 크게 자극받아 가격이 급등하기를 희망하지요.

두 번째 부류는 곰들인 '카운트레미너 Countremine, 인도를 하나의 광산으로 취급하면서 어떻게든 이 광산을 고갈시키려고 한다는 뜻에서 붙은 이름이다**'입니다.** 곰의 작전 개시는 언제나 매도입니다. 그들 몇몇의 행동은 오로지 조국 아테네를 파괴하겠다는 복수에 끌어들이고자, 알키비아데스를 사랑했던 아테네의 티몬[1] 조차도 무색할 지경입니다

곰을 보면 역병을 보듯 피해야 하며, '비힐러Bichile, 네덜란드 아이

들이 '나비'를 부를 때 쓰는 표현이다'를 잡는 것과 같은 특별한 때에만 곰들에게 합류해야 합니다.

'비힐러'라는 말은 잠시 잠깐 이익을 볼 기회가 생길 때를 지칭하는 표현입니다. 이 기회는 순식간에 잡지 않으면 날개를 팔랑이며 날아갈 것이고, 재빨리 주머니에 넣지 않으면 달아나 버리니까요.

황소들은 어떤 것에도 두려워하지 않는 기린과도 같고, 귀부인들의 거울에 비친 모습을 실제보다 훨씬 아름다워 보이게 해줬던 쾰른 선제후의 마법사와도 같습니다. 황소들은 모든 것을 사랑하고, 모든 것을 찬양하고, 모든 것을 과장합니다.

프리에네고대 그리스 도시가 포위당했을 때 비아스고대 그리스 7현인 중 하나가 모래 언덕을 밀로 덮고는 우리 도시가 이토록 부유하니 굶주림에 항복할 일은 없을 것이라고 윽박질러, 알리아테

셰익스피어의 희곡 〈아테네의 티몬〉의 내용으로, 아테네의 거부 티몬은 재산을 탕진하면서까지 아테네 사람들에게 나눔을 베풀었지만, 그가 무일푼이 되자 아테네 사람들은 그를 외면했다. 무일푼이 된 티몬은 아테네를 떠나 우연히 한 동굴에 들어갔는데 그곳에 금이 가득했고, 티몬은 이후 다른 나라의 장군인 알키비아데스를 끌어들여 아테네 파괴를 꾀한다.

스 왕의 사신을 속였지요.

그것처럼 황소들은 자신들의 수법이 부를 의미하며, 무덤에서도 작물이 자라날 것이라고 대중을 현혹합니다. 그들은 공격해오는 뱀을 보면 인도인들처럼 맛있는 별미를 만났다고 생각합니다. …… 황소들은 불길에 당황하지도 않고, 참패에 마음이 흔들리지도 않아요.

반대로 곰들은 두려움, 공포, 초조함에 완전히 지배당합니다. 그들에게는 토끼가 코끼리로 보이고, 여관의 작은 쌈박질이 혁명이고, 어슴푸레한 그림자는 불길한 혼돈의 징조입니다. 그러니 혹여라도 아프리카에 당나귀 노릇을 하는 양이 있고 심지어 말 역할을 하는 숫양까지 있다면, 이 곰들의 눈에는 모든 난쟁이가 다 거인으로 보일 수 있다는 것도 그렇게 불가사의한 일은 아니지 않겠습니까?

에우디쿠스는 헤스티아오티스에 케론과 멜란이라고 불리는 우물이 있다고 했는데, 양이 케론 우물의 물을 마시면 하얗게 변하고 멜란 우물의 물을 마시면 까맣게 변한다고 말합니다. 그리고 두 우물의 물을 다 마시면 보기에도 좋고 흥미로운 다채로운 색으로 변신한다고 합니다.”

주식투자에서 성공하고 싶으면 리프헤브헌황소처럼 케론 우물의 물을 연속으로 들이켜서는 안 되고 말고요. 너무 하얗기만 한 건 좋지 않거든요. 또한 매번 카운트레미너곰처럼 멜란 우물의 물만 들이키는 것도 금물이니, 까마귀처럼 시커메지는 것도 절대로 바람직하지 않죠…….

고로 무조건 멜란이다, 무조건 케론이다 하는 건 안 됩니다. **평소에는 상승에 돈을 거는 게 자연스러운 성향이고, 가끔만 하락에 거는 투기를 하세요. 지난 경험만 보더라도 대개는 황소가 이겼고 곰은 졌거든요.**

동인도회사는 늙은 가지가 잘려 나가면 예상치 못하게 (그리고 순식간에) 새 가지를 뻗는 (신화 속) 불멸의 나무를 닮았습니다. 회사가 어려움에 처했더라도 곧바로 새로 좋은 일이 생겨서 상황을 타개하게 되니, 회사 사정에 일희일비하며 놀랄 이유가 전혀 없어요.

» 플리니우스의 《박물지》 31권, 9장에 나오는 내용으로, 플리니우스는 에우디쿠스라는 사람이 이 이야기를 했다고 하지만, 에우디쿠스의 신원이나 내용의 자세한 연원에 대해서는 더 설명하지는 않는다.

그러니 이 이정표를 잘 따라 걸으면서 발바닥을 꾹꾹 누르며 발자국을 남기면, 당신의 의도가 정직했든 부정직했든 이익을 낼 수 있다는 전망이 나오게 될 겁니다.

혹여 부당한 의도를 가지고 했던 행동일지라도 상황이 불리하게 변할 때는 프레데릭 헨드릭의 칙령이 있으니 걱정하지 마세요. 정직한 매수자가 주식을 넘겨 받아 주거나 담보를 잡아 줄지 누가 압니까.

그리고 (이 거래에서) 얻을 이익은 (결국에는) 거의 확실하니, 오로지 전쟁만이 (이건 신이 금하시겠지요) 그것도 아주 격렬한 전쟁만이 작전을 위험에 빠뜨리고 우리를 위협할 수 있습니다.

물살의 변화를 신중히 주시하면서 바람에 맞게 돛을 조정해야 합니다. 예전에는 스무 명의 투기꾼이 거래소를 장악했습니다. 그래서 상황이 아주 조금만 달라져도 거래소가 영향을 받았지요. 몇몇 우려의 목소리에 주가가 30% 떨어지기도 하고, 편지 한 통에 50% 떨어지기도 했지요.

지금 거래소에는 상인만큼이나 투기꾼도 많고(탐욕이 아니라 순전히 여흥을 위해 게임판에 참가한 사람들은 한눈에도 금세 드러나거든요), 이들은 근거 없는 두려움에 시달렸던 아픈 경험이 있습니다.

이런 이유로 모두가 자기 소유의 주식을 보석처럼 귀히 여기고 진짜로 손실이 나면 극도로 고통스러워하지요. 하지만 아직 실제로 벌어지지도 않은 위험 때문에 두려워 겁을 먹는다면, 겪게 될 비통과 슬픔도 두 배가 되는 법입니다…….

많은 사람이 주가 상승에 익숙하지 않아서 가격이 오르면 지레 걱정부터 하더군요. 그러나 이성적인 사람은 주가 상승에 괜히 마음이 뒤숭숭해질 필요가 없습니다.

동인도회사의 사업은 날로 더 빛을 발하고 있고, 공화국은 날로 부유해지고 있으니까요. 무엇보다 고정 이자를 주는 채권에서 나오는 수익은 날로 줄어드는 판국이니, 다른 마땅한 투자처를 찾기도 힘들지요.

일반적인 대부 이자는 기껏해야 한 해에 3%고, 채권자가 대부 증권에서 받는 이자는 2.5%가 고작이에요. 그러니 제아무리 부자라도 주식을 사야지 별수 있나요.

그리고 어떤 사람들은 주가가 내려가도 손해를 보기 싫어서 주식을 팔지 않으려고 하지요. 그런데 이 사람들은 자본을 더 안전하게 투자할 다른 방법을 모르기 때문에, 가격이 오를 때마저도 (이익을 보호하려고) 주식을 팔지 않습니다. 더군다나 거래소가 원체 활발히 움직이기에, 마음만 먹으면 누구든 자기 돈을 통제할 수 있다고 생각합니다. 언제든 빠르게 돈을 회수할 수 있기 때문이지요.

이렇게나 빠르게 처분하는 것이 가능하다 보니 암스테르담 회의소에 속한 주식은 다른 도시 회의소에 속한 주식들보다 더 비싼 가격에 거래되지요.[◗] 아무래도 다른 도시들의 회의소에서는 투기가 벌어지지 않으니까 가능한 일이지요.

소액의 경비를 제외하면 배당금은 다른 회의소들의 주식과 모두 동일합니다. 하지만 배당금과는 다르게 제일란트 회의소 주식은 암스테르담 회의소보다 호가가 (액면가의) 150%, 엥크하위전은 80%, 히트호른은 75%, 로테르담은 30%, 델프트는 70%에 거래되지요.

◗ 네덜란드 여러 도시에 뿔뿔이 흩어져 거주하는 주주들은 각자의 거점 지역에서 '회의소(Chamber)'를 마련했고, 사무소를 대표하는 이사를 뽑아서 회사 경영 구조에 참여했다. 한 회의소에 등재된 주식은 다른 회의소로는 이전이 불가능했다.

(암스테르담 회의소의) 주가가 이렇게나 차이가 나는 것은 딱히 두 주는 동쪽으로 흘렀다가 두 주는 서쪽으로 흐르는 뫼린강 물줄기를 따르는 건 아니지요. 또 30년은 수위가 상승하고 30년은 수위가 하락한다는 페르시아의 우물하고도 전혀 닮지 않았어요. 주가 하락에 한계가 있을 필요가 없으니, 상승 가능성도 무한하지요.

한 상인이 인도 고아에서 값을 매길 수 없을 정도로 귀한 다이아몬드 하나를 사서 유럽까지 가지고 왔더니, 프랑스 왕이 그를 꾸짖습니다.

"이깟 돌멩이 하나에 어찌 전 재산을 건단 말이오?"

상인이 예의 바르게 우문현답을 내놓습니다.

"저는 그저 폐하만을 항시 염두에 두었을 뿐입니다."

그러니 가격이 지나치게 높다고 하더라도 경기를 일으킬 필요가 없습니다. 주식에 매혹된 거래소의 군주들과 조작의 왕들은 절대로 부족하지 않으니까요. 투기꾼은 일반 사람들의 수만큼이나 많고, 여러분을 근심에서 해방시켜줄 매수자는 언제든 있다는 사실만 명심하시기를 바랍니다.

거래소에서는 사건 그 자체보다도 사건에 대한 기대감에 훨씬 크고 깊게 반응합니다. 넉넉한 배당금이나 풍성한 화물이 기대되면 주가는 올라가지만, 정작 기대가 현실이 되는 순간 주가는 떨어지죠. 희소식에 기뻐하던 마음도, 행운에 취해 의기양양하던 마음도 기다리는 동안 시들기 마련이니까요.

이런 현상이 벌어지는 데는 당연히 이유가 있습니다. 위협적인 상황이 벌어질 때마다 곰들은 충격파를 걱정하는 마음에 선뜻 움직일 용기를 내지 못하지요.

반대로 황소들은 회사 사업이 잘되어서 꾸준하게 좋은 소식이 들려오는 것에 기뻐하며, 낙관에 젖어 근거 없는 자신감에 벅차오릅니다. 심지어는 다소 좋지 않은 소식이 들려와도 그러려니 하면서 아무 걱정도 하지 않습니다.

하지만 배가 도착하거나 배당금이 발표되는 순간 매도자들은(곰들은) 다시금 용기를 냅니다. 그들이 계산을 해보니, 앞으로 몇 달은 매수자들이(황소들은) 좋아할 기쁜 소식이 들려오기 힘들 것 같습니다.

이제 가벼운 산들바람에도 나뭇잎이 흔들리고, 작디작은 그림자에도 무서워 벌벌 떠는 시기가 왔습니다. 당연히 한쪽에서는 주식을 내던질 거고 또 한쪽에서는 공격을 가해대는데, 주가가 떨어지지 않고 배기나요.

영악한 인간들은 운명이 선사하는 이 좋은 기회를 능숙하게 붙들어 잡지요……. 혹여라도 사태가 급반전하면 (투기꾼들은 불에서) 발을 빼기가 힘들 거고, 몹시 어려운 상황이 온다면 기껏해야 사지를 멀쩡하게 보존하는 게 다일 테니까요.

상인 : (설명하시는 걸 다 종합하니) 거래소에서 사용하는 용어라는 게 신중하게 골라서 만든 말은 아니군요. 어휘들이 그리스어에 아랍어를 이식한 모양새라, 아무리 노련한 사람도 이해하려면 새 사전이 필요할 지경이에요. …… 신만큼 이해하기 힘든 표현도 없기는 하지만요.

주식 거래에 대한 온갖 혼란스러운 표현과 뒤섞인 언어를 들으니, 진심으로 여기가 바벨탑 건설 현장은 아닌가 하는 생각이 드는군요. 어떤 때는 '옵시'라는 라틴어도 들리고, 어떤 때는 '비힐러'라는 네덜란드어도 들리고, 또 어떤 때는 '서플러스'[1]라는 프랑스어도 들리더군요.

주주 : 거래소에서 쓰는 말이 그렇게 뒤죽박죽이 된 걸 두고 저

[1] 'Surplus'는 계약을 결산할 때 발생하는 차액을 의미하는 뜻으로 사용되었다.

한테 뭐라고 한들 무슨 소용이겠습니까. 주식 거래에 필요해서 만들어진 말이 관습으로 굳어졌다가 실사용으로 정착된 것이니까요. 나야 그런 표현들을 들은 그대로 말해준 거니 내가 얻은 건 하나도 없어요. 오히려 말을 전해주고 설명해주느라 품만 들었지요.

철학자 : (거래소 관행으로 돌아가서 한 가지 궁금한 게 있습니다) 예상하지 못한 소식이 들려오면 누구는 그걸 매수에 유리한 소식이라고 생각하고, 누구는 매도에 불리한 소식이라고 생각한다고 했습니다. 그렇다면 (초보자나 의심이 드는 사람은) 매수자하고도 이야기를 해보고 매도자하고도 대화를 나눠서 여러 생각과 근거를 가지고 경중을 따져, 가장 유리하다고 판단되는 방향으로 움직이는 게 현명한 행동이겠군요. 그래야만 전망이 가장 좋은 거래를 할 수 있게 될 테니까요.

(물론 예의를 무시하는 행동이기는 합니다) 투기꾼들이 내게 자기들 비밀을 알려줄 의무가 있는 것인지, 이렇게 비밀스러운 대화를 주고받으며 생겨난 희망이 투기를 싹트게 하는 건 아닐지 궁금하군요. 아주 좋은 기회가 눈 깜빡할 사이에 날아갈 판국에, 의견을 구하느라 시간을 낭비하는 게 어찌 합당한 행동이겠습니까?……

(그 질문에 답을 듣기 전에 몇 가지만 더 말씀드리고 싶군요. 가령 다음과 같은 것들 말입니다) 매도해야 할 이유가 더는 존재하지 않는 데도 곰들이 매도 입장을 취해야 한다는 건, 철학과는 반대되는 주장입니다. 철학자들은 원인이 존재하지 않으면 결과도 존재하지 않는다고 가르치거든요.

하지만 곰들이 완강하게 매도를 고수한다면, 그건 원인이 사라졌는데도 결과가 존재한다는 거지요. 더군다나 철학에서는 결과마다 기인하는 원인이 다 다르다고 가르칩니다. 그런데 주식 거래에서는 **똑같은 소식을 듣고도 누구는 사고 누구는 판다면, 그건 하나의 원인에 결과가 여러 개 나온다는 것이지요**…….

하지만 내 철학에 대치되지 않는 (주식 거래) 행동도 있기는 합니다. 그중 하나가 아까 훌륭하게 말씀하셨듯이 곰들의 공격에 맞선 황소들의 강한 저항이지요. 그 결과로 위험이 최고조일 때도 주가가 올라가죠.

양쪽이 자신들의 재산을 걸고서 말로, 손발로, 정신력으로 승부수를 벌이는 것도 놀랄 일은 아니지요. (그런 상황이 온다면 당연히) 똑같은 소식을 들어도 어떤 투기꾼은 호재라고 생각할 거고, 어떤 투기꾼은 악재라고 생각할 겁니다. **사실이라는 건 감정에 따라 달라지니, 같은 사실도 사람마다 보는 관점이 다르겠지요**…….

거래를 작게 해야 한다는 조언에도 저는 찬성입니다. 내 기질에도 맞는 조언입니다. 철학에서도 과식하면 위가 소화를 못 한다고 가르치지 않습니까. (그런즉) 모든 (가능한) 부와 이점을 다 얻지 못할지라도 (제한된) 이익에 만족하는 게 현명한 처사입니다. 거래소의 투기꾼들은 실패하면 망신살이 뻗쳤다고 생각하지요. 내가 보기에는 스스로 망신살을 자처하는 사람이야말로 바보입니다…….

마지막으로 한 말씀만 더하죠. 성향상 나는 언제나 가격 상승을 기대하지만, 곰들에게 의견을 구하는 것도 잊지 않을 겁니다. 그들은 항상 비관주의자들이니, 전투의 열기 속에서 나 자신이 편견을 벗어던지는 데 도움이 될 테니까요.

주주 : 그 누구도 주식 거래에 대한 이런 지식을 글로 옮긴 적이 없어요. 널리 알리기 위해서라도 이 자리에서 나눈 대화를 프랑스어로 옮겨서 적어야겠어요.

언어유희에 기댄 표현이 많아서 그대로 번역하는 건 힘들겠습니다. 대신 일화를 덧붙이고, 윤색도 하고, 어려운 지식이나 심오한 사고가 들어간 부분은 가지치기해서, 우아하고 조화로운 문장으로 다듬기도 해야겠지요.

거래소에서 떠도는 농담은 불쾌감을 일으키지만 않는다면 주식 거래의 큰 매력이 되기도 하기에, 비꼬는 식으로 거래소를 묘사하는 건 적절하지 않을 것 같습니다. 나는 무례하게 굴고 싶지 않고 그저 있는 그대로만 말할 겁니다.

아니면 하늘에 대고 화살을 쏘는 것도 좋겠지요. 그러면 개개인을 향해 공격을 가하는 것이 아니니, 화살이 특정 과녁을 맞힐 리도 없을 테니까요.

나는 신중하게 설명하기로 약속했고, 약속을 지키기 위해서는 사실을 정확히 재연해야 합니다. 엄중한 비평가들은 진실을 해치는 사람은 진실을 감추는 사람이 아니라, 진실을 바꿔 말하는 사람이라고 합니다.

하지만 나는 내가 아는 진실에서 아주 조그마한 부분이라도 숨기고 바꾸지 않을 것이라고 약속합니다. 다루기에 바람직하지 못하다고 생각하는 문제가 아닌 한, 나는 이 약속을 충실히 지킬 겁니다.

대화 ❸

주주 : 인간은 세계라는 웅장한 극장에서 각자 다른 배역을 맡아 연극 공연을 펼치고, 그중에서도 가장 위대한 희극이 펼쳐지는 무대가 바로 거래소입니다.

그곳에서 투기꾼들은 흉내는 엄두도 내지 못할 정도로 탁월한 술수를 발휘하며 투기하다가 숨을 곳을 찾고, 사실을 은폐하고, 싸움하고, 도발하고, 조롱하고, 노닥거리고, 격렬하게 욕망하고, 결탁하고, 예술적으로 사기를 치고, 배신하고, 속임수를 쓰고, 심지어는 비극적인 결말을 맞이하게 된 것에 대해서도 변명거리를 찾아댑니다.

호라티우스로마 공화정 말기의 시인는 수시로 멋진 극장에 앉아 배우들의 연기에 즐거워하고 극본의 치밀함에 기뻐하면서, 공상에 젖어 드는 바보가 느끼는 달콤한 황홀경을 한 편의 노래로 극찬했지요.

스스로를 비극의 멋진 주인공이라 믿고

행복한 마음으로 텅 빈 공간에 앉으니,

극장이 갈채를 보내는구나.

Qui se credebat miros aduire tragedo

In vacuo laetus sessor, plausoque theatro.◗

천재적인 학사원 회원의 상징으로 통할 수 있는 희극을 감상하는 것보다 더한 즐거움은 없을 겁니다.

그런 고로 이 연극에서 **거래소는 '혼돈의 궁전'으로 표현되고, 황소들은 '더 원할수록 더 괴로우리라'로, 곰들은 '야수와 번개와 돌'로 등장합니다.** 주식에 관심이 없는 사람은 '주식은 바보 놀음

◗ 호라티우스의 《서한집》 II, p2, p129에 나오는 2행시.

이야'로, 능숙한 도박꾼은 '영예 없이는 인생도 없어라'로, 프레데릭 가문은 '행운과 불운을 다 담은 이름'으로 배역을 맡지요. 운 좋은 투기꾼들은 '신의 아드님께서 행운을 내려주신 사람들'로, 운수 나쁜 투기꾼들은 '운명에 저항하는 사람들'로 등장합니다.》

마지막으로 당신은 '눈을 뜨게 하는 사람'을 맡아 주시면 좋겠습니다.

나는 '전부 주고 싶지만 하나도 주지 않는 사람'을 연기할 겁니다. 그건 내가 아는 전부를 다 가르치려고 최선을 다하기야 하지만, 마음으로는 모든 것을 주고 싶어도 하나도 주지 못할 것이 분명하기 때문입니다.

철학자 : 그러면 나는 '하룻밤에 무슨 일이 일어났는가'》를 연기해야겠

》조셉 드 라 베가는 실제 스페인 희곡을 언급하고 있다. 처음 다섯 개의 묘사는 안토니오 미라 데 아메스쿠아의 《혼돈의 궁전》, 헤로니모 데 비야이산의 《더 원할수록 괴로우리라》, 페드로 칼데론 데 라 바르카의 《야수와 번개와 돌》, 프란시스코 데 로하스 이 소리야의 《바보들이나 하는 게임》, 후안 페레스 데 몬탈반의 《영예가 없이는 인생도 없어라》인 것으로 짐작된다.

군요. 지난밤에 내 평화가 불안으로, 내 평온이 절망으로, 내 경외심이 조롱으로, 내 지식이 무지로, 내 평정심이 광분으로, 내 존경심이 욕설로 바뀌었거든요. 투기꾼이 나를 속였고, 협잡꾼이 나를 기만했고, 배신자가 내 평판을 훔쳐 갔으니까요.

친구 두세 명이 주식 이야기를 하다가 가격을 576으로 중론을 모으더군요. 그 친구들은 그 가격이 소심한 자에게는 과한 가격이지만 용감한 자에게는 적당한 가격이라고 선언했습니다. 내 의견과 일치하는 말에 기쁘기도 했고, 투기하더라도 상승에 걸라는 조언도 기억났지요. 무엇보다 나라와 회사를 사랑하는 사람들에게 작은 힘이나마 보태고 싶은 마음에, 나는 내 의견을 강하게 드러내기로 했습니다.

그래서 나라가 망할 거라고 선언하는 곰에게 매수 호가로 586을 불렀어요. 호가를 말하기가 무섭게 그 주식이 내 것이 되었다고 흥분해서 떠드는 소리가 들렸습니다. 그 자리의 친구들이 내 무모한 호기를 걱정하는 마음에 어찌나 떠들썩하게 소리를 지르고 웃어댔던지, 나는 내가 바보짓을 해서가 아니라 화가 나고 수치스러워서 얼굴이 벌게질 정도였죠.

안토니오 코에요가 지은 동명의 스페인어 희곡《하룻밤에 무슨 일이 일어났는가》에서 인용한 문구다.

그날 밤 나는 이 친구들이 내 주머니에서 돈을 앗아갔다는 생각에 밤새도록 뒤척였어요. 아침이 밝자마자 그 종잇조각의 가격을 알아봤습니다. 한 악당이 내게 (진지하게 말한 건지 그냥 나를 괴롭히려고 한 말인지는 모르겠지만) 현재 가격이 564에 머물고 있으며, 조만간 520으로 추락할 거라더군요. 내가 그 자리에서 쓰러져 죽거나 최소한 졸도라도 하지 않은 게 기적이지요…….

상인 : 그 악당들은 우리가[*] (그토록 흥분하다니) 타란툴라 거미한테 물린 게 틀림없다고 말하고는 대화 주제를 '옵시'로 바꾸더군요. 우리의 (친구) 철학자가 그토록 고통스러워하는 모습에 내가 잔뜩 분노한 것을 그 친구들도 알아봤으니까요.

나는 화가 나서 10월에 580에 인도하는 조건으로 프리미엄을 얼마까지 받을 생각이냐고 물어봤습니다. 그 못된 놈들 중 하나가 자기는 프리미엄에 얽매이고 싶지는 않지만, 그래도 대략 20%는 받아야 한다고 약삭빠르게 대꾸하더군요. 나는 그에게 15%를 제안했고, 그 친구는 호의를 베푸는 셈 치고 위험을 감수하겠다며 제안을 받아들였어요. 나는 그

---

[*] 상인이 '우리'라는 표현을 쓴 것으로 봐 그도 이 '두세 친구' 집단의 일원으로서, 이 친구들과 함께 철학자와 만났음을 암시한다.

자리에서는 그 친구의 너그러운 호의에 감사했지만, 오늘 알아보니 프리미엄 가격은 끽해야 9%면 되더군요.

상당히 불쾌한 일이기는 했지만, 우리 (철학자) 친구처럼 지붕 꼭대기에서 떨어지지는 않았다는 것에 그나마 위안을 받았습니다. 손해를 볼 수도 있기는 하지만 차액이 6%를 넘지는 않으니 말입니다.

하지만 철학자께선 벌써 10%나 손해가 난 데다, 심지어는 이 손해가 얼마나 더 커질 수 있는지, 불확실성이 얼마나 오래갈지도 모르는 상황이지요.◗

주주 : 당신이 그나마 잘했다고 자랑하고 싶은 마음은 이해가 가지만, 철학자는 언제 분노했냐 싶을 정도로 빠르게 고통에서 벗어날 수 있습니다. 어떤 사람이 당일 거래가로 한 것이 아니라

◗ 상인과 철학자가 다른 방식으로 어리석은 행동을 저질렀기 때문에, 두 사람이 손해를 보게 되는 금액도 다르다. 철학자는 시장 가격이 576에 불과한데 586을 주고 주식을 샀고, 가격이 금세 520으로 떨어졌으므로 10%의 (미실현) 손실이 발생했다. 반면에 상인은 프리미엄 가격으로 9%만 지급해도 되는데 15%를 지급했으므로, 상인이 무지와 부주의로 입은 손실은 6%다.

(액면가의) 10% 범위에서 가격을 잘못 제시하는 실수를 저질렀다면, 그 사람에게는 계약 이행의 의무가 없다는 것은 (한때는 단순한 관례였지만 지금은) 거래소의 불문율입니다.

부도덕한 트레이더가 예상하지 못한 소식을 이용해 (그날) 가격보다 더 높거나 낮은 금액으로 매수자나 매수자를 끌어들이려고 하겠지요. 하지만 상대는 자신이 실수했다는 것을 안 즉시 잘못된 거래를 했다는 것을 인정해야 해요. 비록 그 사기꾼한테는 거래가 행해졌음을 인정하는 게 유리한 일은 아니겠지만요.

예상하지 못한 소식에 시장의 반응은 (실제로는) 그때그때 달라지지만, 앞서 설명한 대로 이에 대해서는 명확한 규칙이 관례로 정해졌어요. 그러므로 (철학자는) 576보다 비싼 가격에 주식을 인수하지 않아도 될 뿐더러, 거래 자체의 이행을 거절해도 무방해요.

게다가 이번이 그의 첫 주식 거래고, 그가 거래를 어떻게 하는지도 모르는 사람이라는 걸 다들 잘 알고 있습니다. 그렇기 때문에 거래를 무효화하고 손실을 방지하는 것도 어렵지 않습니다…….

(확실히 거래소 전체에는 정직과 탐험심이 넘쳐흐르죠. 가령 말입니다) 예상하지 못한 소식이 들려왔을 때 주식 거래 사업이라든가, 분주히 매매가 되는 모습은 보기에도 경이로울 정도입니다.

아무도 순간의 열정으로 내린 결정을 번복하지 않으며, 한번 뱉은 말은 가격이 50%나 차이가 날 때조차도 신성시하며 굳게 지키지요. 상인들은 중개인이 증인 역할을 하며 중재하지 않아도 엄청난 거래를 하지만, 어떤 혼란도 없고 어떤 다툼도 생기지 않아요.

그토록 정직하고, 서로 협력하고, 정확한 모습에는 감탄과 경탄이 절로 나옵니다. 그러나 신용에는 아무 지장도 없고 평판이 추락할 염려가 없는 데도 거래소 관행에 존재하지도 않는 계약 의무를 지키느라 대금을 치릅니다. 이것은 자유의사 표현이 아니라 바보짓일 뿐이고, 약속 엄수가 아니라 선심일 뿐이며, 용기가 아니라 돈키호테의 만용일 뿐입니다…….

거래소에서의 주식 거래는 게임 참가와 비슷합니다. 어떤 참가자들은 제후처럼 행동하면서 권위를 쓰되 다정하게 행동하고, 상냥하게 굴되 지략을 내보입니다. 또 어떤 참가자는 평판을 잃기도 하고, 어떤 참가자는 게임이 시작하기도 전에 힘이 빠져 버리기도 하지요.

거래소에 용의주도한 무례가 넘쳐흐르는 것을 목격한 사람은 거래소의 도박이 만인을 평등하게 만든다는 점에서 죽음과도 비슷하다는 재치가 넘치는 말을 하기도 했죠…….

(한 가지 더 언급하자면) 주가가 20% 떨어진들 그게 심각한 타격이라고 보기에는 많이 모자라지요. 절망할 필요도 없고, 운명을 한탄할 필요도 없어요. 주가라는 건 하룻밤 사이에 20% 떨어지기도 하고, 또 하룻밤 사이에 50% 오를 수도 있으니까요.

(하지만 주식 투기에는 아예 뛰어들지도 않는 게 최선입니다) **거래소에서** (잠시) **발을 뺄 수 있다거나 다른 투기꾼들을 눈앞에서 보지 않으면 마음의 평화를 얻을 수 있겠거니 생각한다면 큰 오산입니다.** 뒤꽁무니를 끈덕지게 따라붙는 불운은 당신이 바위틈으로 숨든 숲으로 숨든 상관하지 않아요. 벼락에 맞을 수도 있는 거고, 맹수의 공격을 받을 수도 있는 거니까요…….

(꿀의 달콤함만) **맛본 후에 거래소에서 발을 뺄 수 있다는 생각도 하지 마세요.** 거래소라는 (혼을 홀리는) 원에 (일단) 들어선 사람은 영원한 혼돈의 장에, 열쇠가 바다에 가라앉아 있어서 빗장을 절대로 열 수 없는 감옥에 갇힌 거라고 생각해야 합니다.

상인 : (몇 가지 의견에는) 동의하지 않지만 굳이 말하진 않겠습니다……. 다만 '동회사'와 '서회사'의 의미에 대해서는 자세한 설명을 듣고 싶군요.

주주 : '동회사'와 '서회사'는 네덜란드의 두 회사를 줄인 말입니다. 그런데 '회사'라고 한다면 보통은 동인도에서 사업하는 '동인도회사'를 말한다고 보면 됩니다. 다른 회사는 서인도 제도가 주요 활동 무대인 '서인도회사'를 가리키지요.

이 두 번째 회사는 1621년에 세워졌는데, 당시에 120톤인가 130톤인가의 금이 자본금으로 모였어요. 교역량이 크게 올라서 한때는 서회사와 동회사의 주가가 거의 같아져서, 서인도회사 주식은 귀중한 보물이나 다름없었습니다.

하지만 운명이 바뀌었죠. 정향은 사라지고, 브라질은 독립했고, 부와 번영은 희미해졌고, 광휘와 명성은 시들해졌습니다. 그 여파로 사람들의 의견도 달라져서, 이제 서인도회사의 주가는 $3\frac{1}{8}$%에 불과해졌지요. 매도자들은 크나큰 손실에 두려움에 떨었습니다.

1674년에 비빈트헤베런Bewinthebberen, 네덜란드어로 '이사들'이라는 뜻으로 두 회사에서 모두 사용되는 직함이다. 원래의 뜻은 '정복하다'의 뜻이며,

현대 네덜란드어로 이사는 'Bewindhebber'이다'은 손실을 만회하고 파산을 막기 위해서라도 회사 자본의 구조 개편을 제안했습니다. 구조 개편을 하면 이해관계자들의 출자로 소멸 직전인 자본금이 늘어나게 되어, 회사가 망하는 것을 막을 수 있다는 계산이었죠.

이런 식의 자금 원조를 '베일러흐Bijlegh'라고 했고, 구조 개편에 동의하지 않는 사람은 유관 기관의 법률에 따라 강제로 주식을 처분해야 했습니다. 다만 어느 정도의 타협은 허용되었는데, 소액의 양도수수료를 지급하면 다른 회의소에 주식을 양도하는 것은 가능했지요.

회사가 이행해야 할 의무는 세 가지였습니다.

첫째, 주주에 대한 의무였습니다. 최초 청약자에게서 상속으로 주식을 물려받은 주주이든, 자신이 직접 매입한 주주이든 모든 주주가 해당되었습니다.

둘째, 예탁자들을 만족시켜야 했습니다. 그들은 저리를 받는 대가로 회사에 돈을 맡겼고, 원래부터 부자인 사람들이니 이자 수익에 만족했습니다.

셋째, 교역을 이어 나가기 위해 맺은 선박 저당 계약에 대한 의무 이행이었습니다.

이번 개편으로 주주들은 보유 지분의 4%에 해당하는 현금을 추가로 출자해야 했습니다. 그 대가로 구주의 명목 가치의 15%에 해당하는 금액만큼을 신주로 받았지요. 예탁자들은 8%를 추가로 예탁하고, 그 대가로 예탁한 금액의 명목 가치의 30%에 해당하는 신주를 받았습니다.

선박 저당 계약의 경우에는 원래 저당과 새 저당에 차별을 두었습니다. 기존 저당에 대해서는 현금을 8% 더 대주면 그 대가로 30%에 해당하는 금액을 주식으로 받았고, 최근의 저당 계약 (소유자들은) 공제 없이 50%는 현금으로 받았고 50%는 주식으로 받았습니다.

이렇게 개편하는 데 든 비용은 금 70톤이었는데, 당연히 이런 차등 대우를 다 고려한 금액이었습니다. 주주들은 회사 손익에 직접 이해관계를 지닌 사람들이니 만치 보상이 가장 적었지요. 예탁자들은 저리만 요구할 수 있고 손익에 대해서는 일체 관여하지 못하니, 맡긴 유동자산에 대비해 손해를 더 적게 부담하는 것으로 합의를 볼 수 있었죠.

다만 선박 저당으로 돈을 빌려준 사람들은 예탁자들보다 더 최근에 계약을 맺었기 때문에, 훨씬 유리하게 협상할 수 있었습니다. 예전 계약과 새로운 계약의 보상 내용이 차이가 난 것도 같은 이유에서였죠.

이렇게 자본 구조를 개편하고 서인도회사는 새 삶을 시작했습니다. 기니와 퀴라소에서 값비싼 화물이 잔뜩 들어올 거라는 기대감으로 주가는 110% 수준을 유지했습니다. (이제부터 말하겠지만) 계약에도 단점도 있었으나 사람들은 이 회사 교역이 눈부시게 성장할 것이라고 믿어 마지않는 기색입니다.

문제의 출자 계약에서(서인도회사가 현재 벌이는 가장 중요한 사업 활동을 기반으로 맺은 계약이었죠) 핵심은 네덜란드 상인들이 의무를 준수해야 한다는 것입니다. 상인들은 퀴라소에서 흑인 노예를 정해진 금액에 최대한 많이 확보한 후, 기니 해변에서 출항하는 서인도회사 배에 실어 보내야 합니다. 상인들이 (스페인령) 서인도제도에 이 노예들을 다시 팔면 사업을 운영할 대리인을 스페인에 상주시키고, 왕에게 내는 세금 납부도 대행하는 등 회사와의 의무를 준수하는 여러 일을 해야만 비로소 돈을 벌 수 있는 것이지요.

주식 투기라는 것도 결국은 이런 회사 업무가 기반이 되어야 하는 것이지요. 복잡한 유럽 정세는 주가에 악영향을 미칠 수가 있습니다. 선적 자체가 힘들어질 수도 있고, (불가피하게) 세금이 늘어나는 등의 불리한 사태도 벌어질 수 있으니까요.

(한 가지 더 덧붙이면) 두 회사 모두 나라의 평화와 안보와 관련이 많기는 하지만, 몇 가지 특정 요인은 두 회사 주식에 다르게 영향을 미치면서 (서로 무관하게) 주가를 오르거나 내리게 만들기도 합니다. 게다가 특정 무리까지 결성되었지요. (그런 집단들을 '카발라[Cabalas]'라고 한다는데, 그 어원이 'Cabal'[1]인지 'Cabiloso'[2]인지는 나도 모르겠습니다)

이들 무리가 쓰는 계책을 이용해서 동인도회사 주주는 자신들이 가진 지분을 줄이고 '서회사' 포지션을 강화한다거나, 또 반대로 움직인다거나 합니다. 거래소가 한 회사 주식에는 등돌리고 다른 회사 주식으로 쏠리는 식으로 움직인다면, 그리고 한 회사의 주식이 대거 매도되고 있는데 다른 회사의 주가는 치솟아 오른다면 투기꾼들은 (첫 번째 주식의) 갑작스러운 하락에 두

[1] 스페인어로 '정확한, 완벽한, 명료한'이라는 뜻이다.

[2] 스페인어로 '변덕을 부리는 사람'이라는 뜻이다.

려움을 느낍니다.

이때 두 번째 주식의 주가가 오르는 건 직접 매수가 늘었기 때문일 수도 있고, 아니면 투기꾼들에게 돈을 빌려주는 대가로 '그들이 매수한 주식'을 담보로 잡아서일 수도 있습니다. 어쨌거나 그들은 추가 공격을 겁내며 잔뜩 침체됩니다. 그렇게 해서 서둘러서 (두 번째 주식을) 팔아치우려 하고, 결국 이 주식에 대한 열기가 줄어들면서 주가도 떨어지는 것이지요.

(서인도) 회사 주식은 '동회사'처럼 최소 거래 금액을 (명목가치) 500파운드로 하는 게 아니라, 1,000파운드로 규정했습니다. 물론 500파운드가 거래 기준가일 때도 잠깐은 있었지만, 거래가 위험하지는 않더라도 (동회사보다) 가치가 낮은 데도 그랬지요.

하지만 일부 욕심 많은 상인들이 중개수수료를 절반으로 해야 한다고 요구했고, (그러면 거래 쌍방은 동회사처럼 주당 3길더가 아니라 각자 $1\frac{1}{2}$ 길더만 수수료로 내면 됩니다) 중개인들은 최소 거래 금액이 1,000파운드는 되어야 똑같은 품을 들여 6길더를 벌 수 있다고 맞섰던 것이지요.

수수료가 다소 비싼 듯 보이기는 하지만, 주가로 생각하는 게 아니라 계약의 용이성 면에서 생각해야 합니다. 일부 중개인들은 그들 말로 원주라고 부르는 주인에게 워낙 충성심이 강했지요. 또한 부지런하게 움직이고, 열의가 높고, 조심성도 크기 때문에 (자타공인) 그럭저럭한 중개인도 고객에게 받은 돈값은 하는 편이었습니다.

하지만 이 회사 주식에서 흔하게 보이는 수법은 '동회사' 때와 똑같습니다. 이 회사의 주식 거래도 역시나 정직하면서도 마찬가지로 사기가 난무하니, 우리는 이 도시에서 가장 흔하고 세상에서 가장 유명한 이 첫 회사의 주식 거래에서 사용되는 수법이 무엇인지를 계속 관심 있게 지켜봐야 합니다…….

상인 : 우리 친구께서 개의치 않는다면 거래 장소와 거래가 이뤄지는 방식과 업무가 처리되는 방식을 알고 싶소이다. 주식 거래의 기원이나 혁신가들이나 혼란에 대해서는 들은 게 있지만, 그곳 고유의 업무 처리 방식이라든가 다툼이 벌어지는 장소에 대해서는 아는 게 없으니 말입니다.

주주 : 거래가 수시로 쉬지 않고 벌어지니 그런 거래가 이뤄지는 장소를 딱히 한 곳만 거명할 수가 없군요. 다만 담 광장과 거

래소 건물에서 가장 거래가 빈번하지요. 담에서는 10시부터 12시까지 거래가 이뤄지고, 거래소에서는 12시부터 오후 2시까지 거래가 이뤄졌습니다.

담 광장은 (시청인) 궁전과 마주보고 있습니다. 담Dam은 네덜란드어로 범람에 대비해 쌓은 제방을 말합니다. 실제로 이 자리에 암스텔강이 범람하는 걸 막으려고 제방을 쌓기도 했고요. 암스테르담이라는 이름도 암스텔강에서 따온 이름이지요.

담 광장에서는 아침에 거래를 개시하고 거래소 문을 닫아거는 12시까지 계속됩니다.

그러면 군중은 지각해서 벌금을 내지 않으려고 허겁지겁 거래소로 모여듭니다. 이후부터의 싸움은 거래소에서 진행됩니다. 아무리 지쳐 쓰러질 지경이어도 무기를 내려놓지 않으며, 아무리 흥분의 도가니여도 휴식은 꿈도 못 꿉니다.

거래소 건물은 사방으로 기둥이 건물을 빙 둘러 에워싼 폐쇄형 구조입니다(어떤 이는 거래소 기둥에 기댔는데 마치 불기둥에 기댄 것 같았고, 어떤 이는 구름 뒤에 숨듯이 이 기둥 뒤에 숨기도 했죠).

여기서 '닫아건다'는 건 벌금을 내야만 문을 열어 준다는 뜻이다.

'거래소'라는 이름도 납득이 갑니다. 이 건물이 돈주머니처럼 상인들을 에워싸고 있고, 이곳에서는 모두가 돈주머니를 채우려고 혈안이 되어 있기 때문이지요. '돈주머니'도 그리스어로 어원을 따지면 가죽 포대라는 말에서 온 겁니다'Purse'의 옛말은 'Burse'이고 그리스어로는 'βύρσα, 가죽 포대'다. (놀랍지 않게도) 많은 참가자는 거래소에 가죽 포대를 두고 나와야 했지요…….

(거래소에서) **거래가 성사되는 방식을 보면 투기 게임만큼이나 우습기 짝이 없습니다.** 레반트팔레스타인, 시리아, 요르단, 레바논 등이 있는 지역에서는 고개를 끄떡이면 계약이 성립된다고 하지요. **여기서는 악수나 손뼉 맞장구가 계약이 성사됐다는 표시입니다.**

그게 얼마나 아픈지 아십니까! 사람들이야 승리를 약속해주는 표식으로 손뼉 맞장구를 염원하지만, 결국에는 운명에 얻어맞아 한탄하는 신세가 되고 말지요…….

거래소 회원 하나가 손을 내밀면 다른 회원이 그 손을 잡습니다. 어떤 가격에 얼마만큼의 지분을 사겠다는 합의를 하는 것이지요. 이들이 다시 한 번 악수하면 계약이 확정됩니다. 그런 다음 파는 사람은 새로운 가격에 새로운 양의 지분을 팔기 위해 손을 내밀고, 사려는 사람은 또 그 손을 잡습니다. 이런 식으로 악수를 끊임없이 하다 보면 손은 금세 시뻘게지지요.

상대방이 제시한 조건이 마음에 들지 않으면 내민 손을 찰싹 때립니다. 자신이 원하는 가격이 나올 때까지 상대의 손을 때리는 것이지요. 평소엔 예의 바른 사람들도 지분 거래를 할 때는 이런 거친 방식으로 거래하게 된다는 점은 유감입니다. 사방에서 사람들이 손을 붙잡아 흔들거나 밀치고 때립니다. 욕설과 고성이 이어지고, 여기저기서 서로를 밀쳐댑니다. 거래가 마감될 때까지 이런 혼란이 계속되지요.

악수하고 난 다음에는 고함을 지르고, 고함 다음에는 욕설이 들리고, 욕설하고 나서는 안면몰수하고, 다시 더 심한 욕설과 고함과 밀치기와 악수가 이어지다가 이윽고 거래소 업무가 끝납니다. 성서에서는 잔치가 열릴 때도 놀랄 때도 박수를 친다고 읽었는데, 이곳 거래소에서는 놀랄 때도 기쁠 때도 박수를 칩니다. …… 누군가는 속임수에 갈채를 보내고, 누군가는 손실에 놀라 손을 비틀 듯이 쥐어 잡습니다. 그들은 희극에 갈채를 보내고, (희망이) 무너지는 것에 경악해 손을 비틀지요.

(철학자가 중간에 끼어들어 주주의 생생한 묘사를 고전 회화에 비유하

고, 주주가 다시 말을 잇는다) 여러분에게서 더 큰 환호를 이끌어내고 싶으니, 투기꾼들이 거래하는 동안 얼마나 긴장하고 안절부절못하는지를 자세히 묘사해야겠군요. 그들은 언제나 움직이는 사람들이니 '행동주의자'라고 불리는 것도 이상하지 않습니다. 이 투기꾼들은 어떻게 행동해야 할지 궁리만 하는 것으로도 모자라, 상상의 세계로도 이어 가는 사람들입니다. 그들은 아마도 잠을 잘 때도 거래하고, 행동하고, 싸움할 것입니다.

내 친구 둘이 같이 잠이 들었어요. 그런데 한 친구가 다른 친구 머리를 실수로 쳐서 그 친구 머리에 혹이 났습니다. 맞은 친구가 소리를 지르며 때린 친구를 깨우고는 방금 맞은 걸로 거래가 체결되었다고 주장했습니다. 이 투기꾼은 제2의 피타고라스였지요. 맞은 친구는 친구 때문에 깼고 투기꾼은 혹 때문에 깼는데, 포르투갈 말로는 둘 다 '수탉Gallo'이라고 하지요…….

투기꾼들은 입만 열면 오직 주식 얘기였습니다. 어딜 뛰어가면 주식 때문이었지요. 가만히 서 있어도 그 역시 주식 때문이었고, 어딘가 쳐다보고 있으면 주식을 보고 있는 거였습니다. 깊이 생각에 잠겨 있으면 주식을 생각하는 거였고, 뭔가 먹고 있으면 그것도 주식투자에서 나온 거였지요. 공부하면 주식에 대한 공부였고, 항상 주식에 대한 환상을 꿈꿨습니다. 병들어 죽는 자리에도 주식 걱정만 했습니다.

그 정도만 해도 심각할 지경인데, 그걸 넘어 거의 믿기 힘든(너무 과장하는 정도를 넘어 상상이 아니냐고 생각할 수도 있는) 사실이 있지요. 투기꾼은 분별력에 맞서 싸우는 이들이고, 의지력을 물리치려고 하는 자들이며, 희망에 거스르려는 자들이며, 위안을 얻지 않으려 하는 이들이고, 본인의 결정에 상충하려는 자들입니다.

경악한 관찰자의 눈으로 보기에는 모든 투기꾼은 몸이 두 개로 나뉘어 저들끼리 싸우고 있는 게 아닌가 할 때가 많습니다. 가령 새 소식이 하나 들려왔다고 치죠. 투기꾼은 사고 싶은 마음이 들지만 거래소 전체의 분위기는 팔아야 한다고 말하니, 그의 사고가 그의 이성과 싸우는 셈이지요.

그의 이성은 방금 들어온 소식에 따라 이 순간은 매수를 종용합니다. 그러다가 또 다음 순간에는 거래소 분위기를 보고는 매도를 종용하고는 하니까요.

상인 : 거래 방식과 장소도 알게 되었고, 거래소에서 활동하는 사람들이 얼마나 분주히 움직이는지도 이해했습니다. 이제는 거래소에서 거래

가 마무리되는 방식과 주식 양도와 대금 지급 방법을 알고 싶습니다.

주주 : 거래소 참가자들은 크게 세 가지 유형이 있다고 말씀드렸죠. 첫 번째는 거래소의 대형 자본가들인 제후들이고, 두 번째는 상인들이고, 세 번째는 전문 투기꾼 무리입니다.

넉넉한 이자만으로도 먹고살기 충분한 자본가들은 주식 사업에 있어서도 제후로서의 품위를 유지합니다. 그들은 주식을 거래하다가 귀찮은 일에 휘말리고 싶지 않습니다. 그래서 절대로 거래소에 직접 행차하지 않습니다. 대신에 괜찮다 싶은 주문이 있으면 중개인에게 지시를 내리고, 중개인은 성심성의껏 거래를 대행해줍니다.

가끔은 거래소의 추이가 한쪽으로 확실하게 기울어 있어서 최대한 빠르게 주문을 행사해야 할 때도 있습니다. 하지만 교활한 인간들이 중개인의 의도를 알아채고는 중개인의 대행 업무가 혼란에 빠지도록 유도하기도 하지요. 그러면 중개인은 (예상과는 다르게) 불리한 조건에서 어렵게 주문을 행사할 수밖에요.

일부 상인들은 대형 자본가들처럼 거래소에 직접 입장하지 않고 중개인을 통해 주문을 넣어요. 그들은 욕설과 모욕과 고함에 당황해 같이 응수하는 건 체면이 떨어지는 일이라고 생각합니다. 그런 불쾌한 일을 당하고 싶지 않으니 거래소 군중과도 상종하지 않으려는 것이지요.

하지만 (투기꾼들처럼) 매일 거래소에 출근하는 상인들이 있는데, 이렇게 그들이 위신보다는 이득이 중요하고, 체통보다는 이익이 중요하다는 걸 몸소 보여주는 이유는 5가지가 있어요.

첫째, 그들은 중개수수료를 지불하기가 싫기 때문에, 같이 어울리는 집단에 속한 상인들하고 직접 거래합니다. 이것은 그들의 수고와 일을 덜어 주는 절차입니다.

둘째, 그들은 악수에서 즐거움을 얻는 사람들입니다. 그들이 원체 손을 맞잡아 주는 것도 좋아하고, 손을 내미는 것도 마다하지 않는 호인들이거든요.

셋째, (혹여 중개인을 이용해야 할 때도) 개인적인 인맥을 활용합니다. 그 인맥을 통하면 다른 중개인보다 중개수수료를 반값에 받아 줄 중개인을 얼마든 구할 수 있지요. 중개인 입장에서야 상인들은 믿어도 좋은 고객이지만, 그 중개인이 다른 중개인들 사이에서 믿어도 좋은 존재로 여겨지는지는 본인이야 알 수가 없죠.

그러니 중개인은 다른 중개인과 거래할 때는 중개수수료를 반만 받지만, 상인이 주문한 거래를 조정해줄 때는 양쪽에서 수수료를 받게 되지요.

넷째, 상인은 가격이 오르는 추세인지 내리는 추세인지 직접 확인하려고 거래소에 갑니다. 그리고 거래소의 모든 군중이 이 영향력이 있는 상인이 개시하는 거래를 따라 하려고 그 주위로 둥그렇게 몰려듭니다. 상인으로서는 (다른 거래자들의) 의도를 짐작하고, 새 소식을 세세히 확인하고, 인맥을 활용해 유리한 정보를 얻어내기가 쉽죠.

다섯째, 상인들은 자신들이 장사의 달인이자 현자고 그들보다 더 뛰어난 수완을 가진 사람은 없을 것이니, 명석한 머리로 최고로 좋을 만한 거래를 알아낼 수 있을 거라고 믿어 마지않죠.

"조금이라도 걱정되면 조심하라."

신중한 사람이 유념해야 할 조언입니다. 유능한 사업가는 자기 이득을 가장 잘 살피는 사람은 당사자고, 자기 재산을 가장 잘 지키는 사람도 당사자라고 믿기에 이 조언을 충실히 따릅니다.

어떤 투기꾼은 심지어는 탐욕이 없는 투기꾼마저도 중개인이 성실하면서도 정직하게 그리고 정직한 만큼이나 정확하게, 주문을 수행할 것이라고 믿습니다. 그러면서도 중개인에게는 주문 대행을 맡기지 않더군요. 그건 이해가 갑니다. 다만 내가 불만인 부분은 그런 일부 투기꾼들은 (중개인에게 진짜 이득이 가게 행동할 생각은 전혀 없으면서도) 겉으로는 중개인이 기뻐하게 할 온갖 말을 건네고, 세상 다정하게 굴면서도 밑으로는 작전을 펼친다는 겁니다.

그들은 중개인에게 한 주에서 몇 주 정도 주문을 넣지만, 정작 주문이 수행되는 순간에 거래소에 직접 모습을 드러냅니다. 그리곤 감언이설에 속아 넘어갔던 이 불운한 중개인에게 허락했던 매수 호가보다 더 높은 호가를 부릅니다. 중개인이 호가를 부르는 즉시 그 주문이 수행되는 것을 막아 버리는 수단을 부린다면, 중개인에게 주문은 도대체 왜 넣은 겁니까?

더 높은 호가를 제시한다고 해도 미소와 거짓과 기만과 다정함에 속아 넘어갔던 중개인이 아니라, 투기꾼 자신에게로 주식이 넘어갈 가능성이 더 높다는 것이 명백한데 말입니다…….

주식 거래는 세 가지 유형이 있다고 말씀드렸습니다. 그런데 결제 방식에도 세 가지가 있다는 걸 알고 계셔야 합니다.

첫 번째 결제 방법은 직접 양도하는 것이지요. 직접 양도 양수 거래를 하려면 매도자는 웅장한 건물에 위치한 회사 사무실로 직접 가서, 매수자나 대부자의 계좌로 주식을 양도해야 합니다(앞에서도 말씀드렸듯이 거부들도 신용에 위험이 없는 주식 담보 계약을 많이들 활용합니다).

은행 돈으로 총액을 지급하고 나면 은행 직원이 대금 지급이 정확하게 이뤄졌음을 공증해줍니다(이런 과정을 통틀어 소위 '주식의 현금 전환'이라고 합니다). 이 과정은 매수자가 얼마나 성급하고, 매도자가 돈이 얼마나 궁한지에 따라서 꼼꼼하게 이뤄지기도 하고 허술하게 진행되기도 합니다. 가끔은 업무를 처리하면서 조급함과 부주의함이 드러나기도 하면서, 불만이 터져 나오기도 하지요.

두 번째 결제 방식은 '양도 양수일 결제'입니다. 이 방식으로 거래한 쌍방은 주식을 (해당) 거래가 이뤄진 달의 20일에 양수하고, 같은 달 25일에 대금을 지급한다는 것을 이해합니다(최소한 이해는 해야 합니다). 그러나 결제 과정에서 계약 당사자가 주식을 넘겨받지 않거나 대금을 지급하지 않으면, 과실과 무질서와 혼란이 쌓이게 되지요.

이때 이른바 '대조 전문가Rescounter'라는 중개인이 등장합니다. 서로 합의해서 약속한 내용을 비교하고 대조해서, '차액'을 지급하거나 받아 주는 일을 하는 게 이 사람들의 일입니다. 게다가 시일을 미루거나 모호하게 굴어서 이익을 취하려는 사람들도 있느니만큼, 그런 사람들을 대할 때는 정중히 예의를 차리는 게 아니라 이해득실을 따지는 태도가 필요합니다.

세 번째 결제 방식은 '후일 결제'입니다. 보통은 계약서에 명기된 대로 해당 거래가 이뤄진 달의 20일과 25일에 주식을 양수하고 대금을 치러야 합니다. 하지만 계약한 당사자가 이해하지 못할 이유로 기일을 연장하기도 합니다. (기일 연장을 요구한 사람은) 신용이 떨어지고 평판이 무너질 수 있는데, 이런 행동을 왜 하는지 모를 일입니다.

기한 연장을 협상하기 위해 중개인은 기한을 연장할 때의 관례적 규정과 조항이 기술되어 있는, 별도로 인쇄된 '계약서'를 이용하지요. 이 계약서에는 이름과 날짜와 가격이 공란으로 비어 있습니다. 계약 당사자들은 계약서 2부를 작성해서 날인하고 교환합니다. 그리고 (나중에) 대조 전문가가 기한 연장의 손익을 계산해서 정하고 나면, 두 서명인은 다시 계약서를 교환합니다.

'옵션 거래'도 프리미엄을 지급할 시간과 장소와 쌍방이 지켜야 할 의무를 명기한 별도 계약서 양식을 사용합니다. '주식 담보용 계약서'도 별도로 존재합니다. 인지를 붙인 용지를 계약서로 쓰고 '배당'과 기타 세부 규정에 대해서도 못 박아 놓았기에, 계약 조항에 대한 의심이나 반대가 끼어들 틈이 없습니다.

결제 시에 차액을 지급하는 투기 거래에 있어서 이의 제기가 불가능하다는 부분과 관련해서는 '현금 거래'를 하는 경우 이 규정이[1] 들어맞지 않는다고 말씀하셨는데, 그 말이 맞습니다.

그러나 기한 연장 계약에서는 매도자가 두 주일 안에 매수자의 계좌로 주식을 넘기지 않았다면, 이 규정이 타당합니다. 그때는 매수자가 주식을 양도받아야 할 의무가 있고, 그게 안 되면 지급 불능을 선언해야 하지요.

이 규정이 매도자에게는 적용되지 않고 매수자에게만 적용된

[1] 이후에 나오는 '규정'은 모두 프레데릭 헨드릭의 칙령을 의미한다.

다는 의견이 지배적이지만, 그건 잘못된 관행에서 비롯된 판단 착오입니다. 법률가들은 매수자만이 아니라 매도자도 (프레데릭 헨드릭의 칙령으로 예상되는) 이의 제기를 받을 수 있다고 주장합니다.

게다가 대중은 주식 매도자가 주식을 (이전에 매수했던 사람으로부터) 다시 매수하는 경우에는 이 법의 적용을 받지 않는다고 생각합니다. 이것 역시 명백히 틀린 생각이지요.

(예를 들어) 내가 주식을 540에 매수하여 그것을 520에 매도하고, 증인 앞에서 이렇게 매도해서 받은 대금으로 앞서 매수한 대금을 결제할 것이라고 선서할 때는 그 칙령이 적용되지 않는다는 것이지요. 이러면 내가 손해를 본 액면가의 차액만큼 채무자가 되었음을 선언한 셈입니다.

고로 나는 채무를 떠안기로 선서했으므로 규정에 호소할 권한도 잃게 된 것이지요. 그렇게 되면 차액을 지급하거나, 지급 불능을 선언하거나 둘 중 하나를 선택해야 합니다.

그러나 내가 누군가에게서 540에 주식을 매수하고 선서하지 않고서 그 사람에게 다른 주식을 520에 매도한다면, (두 경우 모두 매도자가 실제로 주식을 보유하지는 않았습니다) 나는 (해당 계약을 준수해야 하는 의무에서) 벗어나려고 파산을 선언하지 않아도 되고, 궁지를 모면하려고 피신하지 않아도 됩니다(칙령에 호소하면 되니까요).

'옵션 계약'에 이 규정이 적용되는지는 전문가들도 말이 모두 다릅니다. 전례가 될 만한 판결은 찾지 못했지만, 정확한 그림을 그리려는 사람이 (그래야 하기도 하고요) 참조할 만한 판례는 꽤 됩니다. 이 규정은 (계약의) 매도자와 매수자 모두에게 적용할 수 있다고 모든 법률 전문가가 주장하지요.

하지만 실제로 재판관들의 판결은 그것과는 다를 때가 많았습니다. 매수자에게는 (계약 이행의) 책무를 면해주고, 반대로 매도자의 책무는 그대로 유지시켰죠.

(매수자와 매도자 모두에게 규정이 적용된다는 주장이 맞는다면) 트레이더로서 내가 콜 프리미엄을 받아서 결제일에 주식을 양도해야 하거나, 풋 프리미엄 수령자로서 결제일에 주식을 양수해야 할 때는 규정에 의지할 수 있습니다.

반대로 매도자에게만 규정이 적용된다는 의견이 옳다고 칩시

다. 그러면 내가 콜 프리미엄을 받았다는 건 내가 매도자라는 뜻이므로 (회피 방법을 원하는) 나에게는 이 규정이 아무 도움이 되지 않습니다. 그러나 내가 풋 프리미엄을 받는다면 주식 매수자가 된다는 뜻이므로 이 규정은 내게 도움이 됩니다.

그런데 풋 프리미엄에 대해서는 의견이 분분합니다. 학자들은 규정으로 인해 (법적으로 타당한) 이의 제기가 불가능하다고 주장하지만, 재판부는 그 반대되는 판결을 내리기도 합니다. 그러니까 법령과 법적 해석에 대한 차이로 인해, 관련 규정과 판결의 근거가 모순되는 결과가 나오는 거지요. 이론적으로도 아직 정립이 되지 않은지라 판결이 어떨지는 아무도 예측할 수가 없습니다.

하지만 풋 프리미엄 지급자가 계약 협상 일에 주식을 소유하고 있으며, 그로부터 2주 안에 내게 주식을 넘기고 내 계좌로 명의 이전까지 완료할 수 있다면, 이런 상황에서는 나로서는 무척이나 당황스럽게도 규정에 호소할 수가 없습니다.

일부 전문가들의 주장에 의하면 풋 프리미엄 지급자는 프리미엄 계약이 시작된 날에는 아직 주식을 보유하고 있지 않아도, 주식 인도 준비가 다 되었다고 선언한 날에 주식을 보유하고 있기만 하면 됩니다. 그러면 규정을 근거 삼아 모든 이의를 무효화할 수 있으니까요.

마찬가지로 주식 담보 계약과 관련해서도 어떤 판결이 나올지는 미지수입니다. **대체로는 주가가 대출 기준으로 삼았던 가치보다 아래로 떨어지면 피저당권자는 차액을 지급해야 할 의무가 있고, 그게 안 되면 지급 불능을 선언해야 한다는 것이 중론입니다.**

그러나 일부 투기꾼들의 주장에 따르면, (그들의 입장을 계속 주장하기에는 사실 근거가 부족해서 대단히 불확실하기는 하지만) 내가 돈을 빌려줬고 담보 계약을 설정하고 두 주 이내에 내가 말하는 계좌로 주식이 양도되지 않는다면, 그리고 (대부금) 지급일까지 주식이 (차입자의) 계좌에 그대로 있다면, 나는 (규정에 근거해) 이의를 제기해 이익을 취할 수 있을 뿐 아니라, 입은 손실을 변제받을 수 있다고 합니다.[◗]

◗ 조셉 드 라 베가의 주장은 법적 허구를 근거로 삼고 있다고 봐야 한다. 담보 주식의 가치가 대부에서 설정한 금액보다 아래로 떨어졌으므로, 차입자는 비록 주식을 보유 중일지라도 허구의 가치를 기준으로 돈을 빌린 셈이 되기 때문이다. 이것은 공매도인이 가지지도 않은 주식을 인도하기로 하고 콜옵션 프리미엄을 받은 것과 비슷하다.

가장 우스우면서도 가장 재밌는 광경은 거래 하나를 두고 두 중개인이 티격태격하는 모습입니다. 이런 싸움이 벌어지면 고객을 존중하는 마음이 사라지고, 삼가는 태도가 없어지고, 서로를 향해 점점 언성이 높아지고, 심한 모욕을 서슴지 않게 되고, 악수도 얼렁뚱땅합니다.

중개인 하나가 500파운드를 제시하고 상대 중개인이 (제시가를) 받아들인다거나(거래소에서는 이걸 '도둑맞다'[»]라고 합니다), 중개인 하나가 특정 매수가를 제시하고 다른 중개인이 성을 내며 "여기 가져가시오."라고 응수합니다(거래소에서 이 말은 '강탈당했다'는 의미입니다).

주식이 '도둑'맞은 것인지 '강탈'당한 것인지를 두고 거래소에 있던 다른 사람들끼리 말다툼이 벌어집니다. 그러면 궁금증을 참지 못한 사람들이 시끄럽게 떠들어대면서, 심연이 아가리를 벌리고 복수의 여신이 싸우러 등장합니다…….

중개인은 두 부류가 있습니다. **첫 번째 부류는 지방정부가 임명**

» 스페인어로 'Ser pilladas'는 '납치당하다', '피신보내다'라는 뜻이다.

하고 서약을 한 '공인중개인'들로, 그들은 자기 계좌로는 주식을 하지 않겠다고 맹세합니다. 이들은 숫자도 적고 사망이나 특별한 권리를 취득할 때만 자격이 넘어가므로, 명단은 어지간해선 달라지지 않습니다.

두 번째 부류는 '자유중개인'들입니다. 다른 중개인들의 꿀, 즉 이익을 낚아채는 종자들이라서 '수벌'이라고 부르기도 합니다. 자유중개인은 고소를 당하면 벌금을 내서 (공인중개인에게) 손해배상을 해줘야 하지만, 고소를 당하는 건 개인적으로 앙갚음을 하려 할 때나 있는 일입니다.

공인중개인들은 자기 이익을 돌보는 데 적극적이긴 하지만, 이들 자유중개인들에게는 인내하고 관용하는 태도를 보이는 편입니다.

자유중개인은 그 수가 무한정 많습니다. 이 직업은 가난해진 사업가들에게는 유일한 의지가 되어 주고, 하는 일마다 말아먹은 사람들에게는 최고의 피난처입니다. 주식 사업이 워낙에 활기가 넘치고, 다들 많이 하기에 자유중개인이 셀 수 없이 많습니다. 하지만 그들 모두 생계는 꾸리고 있기 때문에 죽이기 위해

먹어야 하는 강도가 될 필요도 없고, 먹기 위해 죽여야 하는 사냥꾼이 될 필요도 없습니다.

그들 모두 살아 있고, 그들 모두 전진하고 있고, 그들 모두 뛰어나며, 부지런히 일해서 부족한 공인중개인을 대신하려고 노력합니다. 그들은 고객에게 매우 충실하고 걱정하는 것처럼 보여서, 부족한 평판을 열의로 메우고 (유형의 재산이 없어서) 부족한 안정성은 헌신적으로 일하는 것으로 보충합니다…….

철학자 : 아직 언급은 안 하셨지만 주식 거래에서 또 하나 살펴봐야 할 점이 있지요. 그 운명의 밤에 나를 구렁텅이로 빠뜨렸던 비열한 인간들이 '두카톤Ducaton 주식'이라는 것을 말하더군요. 그게 뭔지 자세히 설명해주셔야 제가 이해가 좀 갈 것 같습니다.

주주 : 몇몇 투자자는 자신들의 얼마 안 되는 재산을 가지고 일반 주식으로('큰 주식'이나 '납입 주식'이라고 합니다) 투기하는 건 너무 위험하다고 판단했지요. 그래서 그들은 작은 주식으로 거래하는 조금 조심스러운 게임을 시작했어요.

큰 주식은 가격이 1포인트 오르거나 내리면 은행 돈을 30길더 벌거나 잃게 되지만, 작은 주식에서는 1포인트당 거는 위험은 1두카톤3길더이 고작입니다.

'두카톤 주식'이라는 새로운 투기 방법이 시작된 건 1683년입니다. 거래 대금 결제를 간소화하려고 이른바 '총 수납원'의 지원도 얻었지요. 그전까지는 구두 계약만이 존재했지만, 총 수납원이 등장한 후부터는 모든 계약을 장부에 기재했습니다. 계약을 장부에 기재해주는 대가로 총 수납원은 계약 쌍방에게서 각각 1플라카를[1] 받았지요.

출납원은 쌍방에게서 확답을 받은 후에야 장부에 거래 내역을 명확하게 기입했습니다. 보통은 주식 거래에서 쌍방이 동의하기까지는 1개월이 넘게 걸렸습니다. 하지만 두카톤 주식 거래 계약자들은 그렇게 기다릴 만큼 재산이 넉넉한 사람들이 아니었지요.

매달 1일에 거래소 시계가 오후 1시 30분을 가리키면, 출납원은 거래소에서 어느 쪽 편도 아닌 두 명으로부터 큰 주식 가격

---

[1] 네덜란드의 '스타위버(Stuiver)'를 스페인어로 '플라카'라고 하며, 스타위버는 $\frac{1}{20}$길더다.

이 얼마인지를 듣습니다. 그다음 이 가격을 참조해서 작은 주식의 가격을 정하지요.

예전에는 출납원이 막대를 들어올렸기에 이 한 편의 촌극을 '막대 들어올리기'라고도 했지만, 막대를 들어올릴 때마다 요란한 소리가 나서 그런 풍습이 사라졌습니다.

작은 주식 가격을 정하고 나면 거래 대금의 결제가 이뤄집니다(달 중순에 대금을 치르지 않는다면 말입니다). 대금은 현금으로 치르고 큰 주식보다 결제도 정확하니, 심지어는 가장 노련한 사업가들마저도 작은 주식 거래에 참가하기 시작했습니다. 결제가 정확하다는 것에 마음이 혹해서는 작은 주식 거래가 평판이 의심스럽다는 것을 간과한 채, (행동으로) 그 거래를 보증하기 시작한 것이지요.

지난 5년 동안 이런 작은 주식 트레이드가 얼마나 많이 퍼졌는지(영악하게 머리를 굴리며 쉬지 않고 주식을 거래하는 집단이, 이 거래를 특히나 애용했죠) 남녀노소 불문하고 이 거래를 하기 시작했습니다…….

그러니 위험을 줄이겠다고 고안한 방법이 거꾸로 위험을 널리 퍼뜨렸다고나 할까요. 마치 성냥을 사듯이 (두카톤) 주식을 무더기로 사들이는 사람이 있을 정도로 투기가 만연해졌습니다.[*] 혹여나 어느 순간, 작은 주식에 뛰어든 사람들이 다 타서 재가 되지는 않을까 걱정입니다.

거울이 깨지면 깨진 조각들은 각기 하나씩의 거울이 됩니다. 작은 거울 조각은 얼굴을 작게 축소해서 비추고, 큰 조각은 크게 비추지요. 주식도 거울과 같습니다. 반사된 물체가 공중에 뜬 것처럼 보이게 만들거나, 아니면 거울 속에서는 내가 하늘을 날아다니는 것처럼 보여서, 너무 놀라 몸을 뻣뻣이 굳게 만들지요.

두려움에 떠는 사람들은 이 거울을 (큰 주식인 '동인도회사' 주식입니다) 부숴서 여러 개의 조각으로 나눕니다. 그리고는 하나당 500파운드인 큰 주식을 5,000개의 주식으로 나눠서 취급하기로 합의를 봤지요.

그들은 주식 트레이드의 위험을 줄이려는 의도였지만, 결국 하나의 거래로 여러 개의 거래를 만든 것에 불과했습니다. 마치

[*] 이런 유형의 투기는 1688년에 폐지되었다.

하나의 거울로 여러 개의 거울을 만들듯이 말입니다.

(투기꾼들) 거의 모두가 작은 주식 트레이딩을 그토록 열심히 하는 것은 큰 주식 매수자들이 이것을 작은 주식으로 쪼개서 팔고 싶어 해서입니다(월초에 작은 주식들을 합한 가격이 큰 주식 하나 가격보다 높거든요).▸▸

이런 식으로 거래해서 버는 이익이 짭짤하니 들어가는 수고를 아낄 이유도 없습니다. 당연히 작은 주식 거래가 무가치하다거나 위험하다고 생각하지도 않는 것이지요.

한 투기꾼 집단에서 다른 투기꾼 집단으로 주식이 양도되는 과정이 이렇게 난삽하면, (작은 주식의 양도는 그럴 수밖에 없습니다) 결제일 당일에는 불만과 고함과 원성이 하늘을 찌릅니다. 주중에는 거래소 (건물에서) 결제가 행해지고, 일요일과 공휴일에는 대로에서 결제가 이뤄집니다. 그러니 말도 못하게 시끄러울 수밖에요. 이러다가 얻어맞는 건 아닌지, 살해당하는 건 아닌지 걱정하는 사람들도 있을 정도입니다.

▸▸ 두 주식의 매달 결제일이 달라서, 이런 가격 차이가 벌어지는 것일 수 있다.

큰 주식을 매수하고 두카톤 주식을 매도한 사람은 작은 주식을 팔아 이익을 내고, 큰 주식은 계속 매수하려고 막대기가 올라가지 않게 하려고 합니다(그러면 트레이딩이 몇 분은 지속되는 것이지요).

반대로 큰 주식을 (공매도로) 내놓고 두카톤 주식을 산 사람은 이익을 지키려고 막대기를 들어올리라고 요구합니다. 그리고 이익을 더 늘리고 싶은 마음에 자신이 내놓은 큰 주식 거래가 체결되기를 기다리지요…….

토마스 드 베가는 어느 바보의 행동을 이렇게 묘사했어요. 이 바보는 의사에게 호수에서 헤엄치는 것을 허락해달라고 했지만, 정작 물이 목까지 차오르는 곳으로 들어가고 나서야 깨달았지요(죽을 수도 있구나). 그리고는 퍼뜩 정신을 차리고는 건강까지 회복하더니, 계속 건강했다죠.

아, 주식 도박이 벌어지는 곳에는 이렇게 아픈 인간들이 얼마나 많은지 모릅니다. 그들은 이 바보를 닮아서 (투기의) 바다에 몸을 던지지만, 물이 목까지 닿는 곳에 도달하고 나서야 단단한 땅으로 돌아옵니다.

그중에서도 최악의 바보는 이 소용돌이에 빨려 들어가 허우적대는 순간에도 자기 몸이 나았다는 사실을 깨닫지 못한다는 것입니다.

악어라는 동물은 처음에는 아주 작은 도마뱀이지만 자라서 가장 큰 도마뱀이 된다고 하지요. 미미하게 시작했던 두카톤 주식이었지만 가장 교활한 투기꾼들이 활약하는 무대가 되었어요. 아무도 이런 상황이 께름칙하다고 생각하지도 않고, 아무도 투기꾼이 그런 사태를 조장한 것에 사과해야 한다고 생각하지도 않아요…….

투기꾼들은 큰 주식 사업을 포기하면 돌이킬 수 없는 숙명을 피할 수 있고, 주식이라는 (도박의) 족쇄에서 자유로워질 수 있다고 헛되이 믿습니다. 하지만 두카톤 주식 트레이딩에 참여하면 고통이 연장되기만 할 뿐이라는 것을 알게 되겠지요…….

아까도 말씀드렸듯이 **투기꾼들은** (특정 거래에서의) **손실이 감당하지 못할 정도로 과중해지는 것을 막으려고 수도 없이 여러 번 거래합니다. 손실이 눈에 뻔히 읽히는 데도 우리는 주식 거래에 갈수록 깊이 빠져들어요. 제발, 모든 것을 잃는 일이 없도록 신께서 우리를 보우해주시기를!**

이 도박으로 얻는 쾌락이 어찌나 큰지 포인트당 1두카톤으로 도박할 여력이 되지 않는 사람들은 1스타위버씩 $\frac{1}{20}$길더 걸고, 1스타위버도 부담이 된다 싶은 사람들은 훨씬 작은 단위의 동전을 걸지요. 세상 물정 모르고 가진 건 코 묻은 돈이 고작인 아이들마저도 큰 주식이 1포인트 오르거나 내릴 때마다 자기들이 가진 작은 주식이 얼마를 오르거나 내리는지를 압니다…….

만약에 이방인을 데리고 암스테르담의 대로를 돌아다니게 되었는데 그에게 어디 있다 왔느냐고 묻는다면, 그 이방인은 "투기꾼들하고 있었습니다."라고 대답할 겁니다. (이 도시에서는) 주식 얘기가 들리지 않는 골목은 없으니까요.

이런 (두카톤 주식) 투기가 시작된 이유는 중개인들의 탐욕과 도박을 발명한 사람들의 필요 때문입니다. 더 자세히 설명할까요. 중개인들이 탐욕을 부리는 이유는 세 가지고 그 이유로 인해 많은 중개인이 패가망신의 길을 걸었다고들 하지요.

첫째로 중개인들은 중개수수료를 벌고 싶어 한다는 것, 둘째로는 가격 변동을 이용해서 (자기 계좌로) **빠르게 이익을 내고 싶어 한다는 것, 셋째로는 안락한 삶을 원한다는 것이지요.**

그들이 이 세 가지 목표를 단번에 이루려 하다가는 실패에 부뒷치기 십상입니다. 거액의 중개수수료를 확보하려면 (자기 계좌로) 대량의 주식을 제시하거나 받아야 하는데, 그러면 오도가도 못하는 신세가 될 수 있거든요(네덜란드식 표현으로는 '봉 뜬' 상태가 되는 것이지요). 이러면 새 소식이 (연속해서) 들어오기만을 기다리다가 패망의 길로 접어들게 되는 것이지요.

주가 변화를 노려 단기 차익을 노리는 중개인들은, 그러니까 고객에게서 대량 주문을 받아 (자기 계좌로) 광범위하게 투기 행각을 벌이는 중개인들 역시 같은 운명을 경험합니다. 그들은 (고객 의뢰로 매수한) 주식을 긴 시간 보유하면서 위험에 노출될 의도는 없었을지라도, (주식을 자기 계좌에 보유하는) 기간 동안 벌어질지 모르는 여러 돌발 사태까지 예상할 수는 없으니까요.

주식 중개업에 전력을 다하는 중개인은 지혜가 쌓이고 어떤 변수에도 용감하게 대응하겠지만, 그가 얻는 만족감이 커질수록 공격은 더욱 거세질 것입니다. 그리고 종국에는 주식이라는 것이 언제나 어두컴컴하고, 언제나 위험하며, 언제나 가슴을 쓸어내릴 일투성이라는 것을 시인하게 됩니다.

주가 변화를 노려 이익을 내려면 중개인은 거래소에서 인기인

이어야 합니다. 중개인이 거래 체결을 앞두고 고객이 누구냐는 질문을 받았을 때 고객 대신 계약서에 서명해주고, 진짜 거래를 감춰줄 좋은 친구가 필요하기 때문입니다.

이렇게 주문을 감춰주고 은폐해주는 관례가 워낙 횡행하기에 상인들마저도 이 관례를 애용합니다. 그러나 거짓을 말할 줄 모르는 사람들은 이 관례로 피해를 볼 수 있지요.

상인들이 주가를 움직일 것이 확실한 사건에 대해 뭔가를 알게 되면, 그들은 주가 변동에서 한 재산 벌려고 중개인들을 찾아갑니다. 하지만 상인들은 주문 수행 전에는 상인의 이름을 누설하지 않겠다고 약속하는 중개인에게만 주문을 넣습니다. 상인들이 보기에는 (주문을 넣는) 원주의 금전 상태가 의심받을 수도 있고, (또는) 주문을 수행하기 전에 가격이 변할 수도 있으니까요.

중개인은 이런 성격의 주문을 받으면◗ 사람들이 주문을 알아

◗ 조셉 드 라 베가는 짧은 설명에 그치고 있지만, 이 중개인이 황소 무리와 한편을 먹고 있음을 예상하고 있다. 또한 그는 주가를 떨어뜨릴 수도 있는 특별한 사건에 대해서도 설명하고 있다.

보고는 (나중에 가서) 그 주문을 수행한 것을 책임지라며, 그에게 따지는 사태를 피하기 위해서라도 함부로 거래를 체결하지 않습니다.

중개인은 제시가에 (혹시라도) 안 좋은 반응이 있다거나 좋지 않은 시선이 쏟아질 것을 염려하고 있지요. 누군가가 꼬치꼬치 파고들어서 고객의 정체를 알아내고, 중개인 계좌로는 아무도 주식을 매도하지 않으려는 사태가 벌어지면 큰일이지요.

결국 중개인은 이기적인 욕심이 신의와 충돌하고, 야망이 두려움과 싸우고, 이익이 양심과 맞서다가 끝내는 이 문제를 친구와 상의하기로 합니다. 이 친구는 자기 이름으로 두카톤 주식 수천 파운드어치를 매도하는 사람이니, 중개인은 장막 뒤에서 계속 머물 수 있으니까요.

두카톤 도박의 최초 창시자는 중개인이었지만 그다지 넉넉하지 않은 사람들도 이 도박을 시작했어요. 물론 주식 도박으로 돈을 벌었어도 카드라든가 주사위 게임, 와인, 연회, 선물, 숙녀, 마차, 화려한 옷, 사치품 등으로 대부분이 날아가기는 하지만요. 하지만 가족에게 조금 나은 생활을 해주겠다는 이유로 이 일에 뛰어든 사람들도 많았지요…….

두카톤 주식 도박을 재미로 하는 사람도 있고 허영심에 하는 사람도 있으며, 많은 사람이 거기에 돈을 쏟아붓고 또 많은 사람이 그 도박에서 만족감을 얻기도 합니다. 그리고 꽤 많은 사람은 (주식 거래로 버는 돈으로) 생계를 이어 갑니다.

그들은 불운이 닥쳐서 몰락을 막지 못할 바에는 명예라도 건지려고 노력합니다. 그들이 프리미엄을 수취하고, 투자받은 돈을 환불해주고, 차액을 지급하니 분노가 가라앉고, 문제가 완화되고, 혼란이 극복되고, 공격이 수포로 돌아갑니다.

이것이(즉, 완전한 재앙을 피할 가능성이 있다는 것이) 그토록 많은 사람이 이 소용돌이에 뛰어드는 이유입니다. 그리고 두카톤 주식을 거래하는 사람보다는 하지 않는 사람을 세는 것이 더 빠를 것입니다.

대화 ❹

주주 : 대화 ①에서 주식 거래의 시작과 어원에 대해 설명드렸습니다. 그리고 회사의 부라든가, 주식 투기가 널리 퍼져 있다는 것이나, 프리미엄 거래의 의미를 설명하면서 사기 수법에 대해서도 넌지시 설명했지요.

대화 ②에서는 주가의 불안정성과 그럴 수밖에 없는 이유를 설명하고, 투기에 성공하기 위한 조언을 말씀드렸고, 시장 부침이 발생하는 원인을 지적했습니다.

또한 곰들의 두려움과 황소들의 배짱을, 황소들의 대담한 모험에 따른 결과와 곰들의 조심스러운 과정이 지니는 의미를, 주가 격변의 징후와 왜 그러는지 도무지 이해하지 못할 이유를, 투기의 광기와 어리석음을, 거래할 때 사용하는 언어를, 그리고 거래소의 관습적인 표현을 알려드렸습니다.

대화 ③에서는 다양한 거래 유형을 설명했고, (게임의) 규칙 몇 가지와 함께 관행 몇 가지도 간단하게 설명드렸습니다.

계약이 되는 주식의 종류, 인도 시기, 주식 양도가 이뤄지는 장소, 거래 장소, (거래소에서 보이는) 점잖지 못한 행동, 불안, 천박한 행동, 악수, 거래소의 광기에서 빠져나오는 것이 불가능하다는 점, 서인도회사, 두카톤 주식 투기의 원칙, 거래소 사람들의 유형, 계좌 결제의 기한 연장, 중개인의 유형, 중개인의 양심, 그들의 위험, 그들의 만용에 대해서도 설명했습니다.

이제 설명해야 할 건, 주식 거래에서 가장 투기적인 부분에 대한 내용만 남았네요. 이것은 거래소에서 행해지는 거래의 절정이고, 주가 조작 행위의 정점이며, 거래소라는 미로에서도 가장 교묘하고 가장 복잡한 것은 물론이고, 가장 교활한 머리가 필요한 책략이기도 합니다…….

열 명이나 열두 명 정도가 (이를테면) 거래소에서 모여 둥그렇게 둘러섭니다(앞에서 이런 무리를 '카발라'라 부른다고 말씀드렸죠).

이 무리는 주식을 파는 게 좋다고 생각하면 머리를 맞대고, 그 목적을 조심스럽게 수행할 방법을 함께 고민합니다. **무리는 결과를 예측할 수 있다는 판단이 들 때만 행동을 시작합니다.** 그래서 운이 지독히 나쁘지 않은 이상, 성공도 어느 정도는 확신할 수 있지요.

이들 (곰) 무리는 타임세일로 공격 개시를 하되, 더 크게 떨어질 것에 대비해서 현물 매도는 보류합니다. 그들은 (이후) 여러 달에 걸쳐 5만 파운드어치를 팔며 주가를 조작하니, 주가가 더 떨어질 수밖에요. 하락장이 기승을 부리면서 다른 투기꾼들도 곰 무리에 힘을 보탭니다. 그 여파로 투기에 참여하는 사람들이 더욱 늘어나 (이 계략도) 목표를 달성할 것이 더 확실해집니다.

사보이아 공국의 아마데오 1세가 수행원들을 많이 거느리고 다녀서 '꼬리 공작'이라고 불렀던 것처럼, 주가 조작 세력의 우두머리도 '꼬리 군주'라고 불려도 할 말이 없겠지요.

이 곰들의 우두머리를 부르기에 이보다 좋은 표현이 있을까요. 우두머리 밑에는 헤아릴 수 없이 많은 추종자가 있고, 그들은 우두머리 뒤꽁무니를 바짝 붙어다니면서 그대로 따라 하니 말입니다.

뭔가 강한 의견이 나오면 덮어 놓고 따라 하는 사람들이 그토록 많은 판국에, 작은 무리가 군대처럼 커진다고 해도 놀랄 일은 아니죠. (대다수 사람은) 남들이 행동하는 대로만 하고, 남들의 선례대로만 움직이려 하지 않습니까…….

(이 곰 무리의) **첫 번째 술수는 이렇습니다. 거부인 자본가가 돈을 빌려줬을 때의 이자 정도만** (차액으로) **벌 생각으로 현물 주식을 매수합니다.** 그런 다음 다시 현물로 주식을 매도하는 식의 계약을 여러 차례 반복하는 것을 막기 위해, 곰 무리는 주식의 현물 매도가와 같은 가격으로 후일 인도를 조건으로 매도합니다.

그들은 더 큰 이익을 노리고 있으므로 이자 금액 정도 손실이 나는 것에는 신경쓰지 않지요. 그들은 그림자 속 고깃덩이가 더 커 보여서, 짖다가 자기 입에 물린 고기를 놓친 이솝 우화의 개와 비슷합니다.

두 번째 술수로, 이 곰들이 연합한 무리는 자신들이 믿는 중개인에게 원주를 드러내지 말고 비밀리에 (자타 공인) **황소에게서 주식을 매수하라는 주문을 넣지요.** 하지만 중개인은 이렇게 산 주식을 여기저기 소문을 내며 팔면서, 황소들마저도 매도에 나서고 있다고 사방팔방 떠들어댑니다.

중개인은 첫 번째 황소에게서 산 주식을 두 번째 황소에게 팔기를 원하고, 두 번째 황소는 첫 번째 황소가 주식을 판 것이 사실임을 알게 됩니다. 두 번째 황소는 대경실색해서는 역시나 주식을 매도합니다.

이제는 모두가 공포에 휩싸여 다른 사람들이 줄지어 매도하는 것을 막으려 애쓰고, 매수하라는 조언은 다 사기꾼의 술수라고 치부합니다. 이런 패닉 사태를 이른바 "족쇄가 채워졌다."[1]라고 표현하지요.

그리고 조금이라도 낌새가 이상하다 싶으면, 수많은 사람이 그들의 뒤를 밟습니다.

세 번째 술수로, 곰들의 작전 세력은 담보 이자 정도의 주식 수익에만 만족하는 부자에게 현물로 주식 몇 주를 매도합니다. 이 부자가 자신이 현물로 매수한 주식을 (당연히) 미래에 인도하기로

---

[1] 스페인어 원전의 표현은 '족쇄를 차다(Tener calcetas)'이다.

하고, 곧바로 선물로 주식을 매도하려 한다는 건 다 아는 사실이지요.

작전 세력은 (이 매도 수행을 주문받은) 중개인에게 (그날의) 가격이 정해지기 전에 매수 호가를 넣고는 (거래소에 있는) 모든 사업체의 대리인들에게 아주 비밀리에 메시지를 보냅니다.

하지만 이 메시지는 조만간 '공개적인 비밀'이 되어서, 결국에는 그 거부에게도 이 중요한 소식이 들어가게 되지요. 거부는 깜짝 놀라 주식을 팔기로 합니다. 이후에 실제로 주식이 매도되면 사기꾼들의 말이 현실이 되는 것이고, 목표가 달성되고, 주가 붕괴가 벌어지겠지요.

그러나 투기꾼들이 자신들을 보호해줬던 사람들의 변심을 알아채고 토대가 흔들리고 있음을 인지한다면, 패닉의 원인이 명백해지지요.

네 번째 술수로, 곰들의 무리는 작전을 시작할 때 거래소에서 최대한 돈을 빌리며, 이 돈으로 주식을 살 거라고 대놓고 티를 냅니다. 그러나 이후에는 대규모 매도를 수행하지요. 고로 돌멩이 하나로 새 두 마리를 잡는 효과가 나옵니다. 일단은 거래소야 중요한 소식 때문에 계획을 바꿀 수밖에 없었다고 믿게 되는 효과가 있지요.

다음으로는 황소들이 주식을 담보로 돈을 빌릴 길이 막힌다는 겁니다. 그러니 황소들도 주식을 인수할 돈이 없으니, 매도로 입장을 바꾸는 것 말고는 도리가 없어요(아니면 일곱 번째 술수에서 설명할 함정에 빠지게 되겠지요).

다섯 번째 술수는 콜옵션을 최대한 많이 파는 것입니다. 이것은 (융통되는 자금을 자신들이 흡수해서) 프리미엄 지급자들이 혹여 나중에 콜옵션 권리를 행사하더라도 주식을 매도하는 쪽으로 입장을 바꾸도록 압력을 가하기 위해서입니다.

여섯 번째 술수는 (황소로 추정되는) **풋 프리미엄 수령자들이** (그들이 계획한 대로) **주식을 더 살 엄두를 내지 못할 때까지 계속 풋옵션을 사는 것이지요.** (황소들은 손발이 꽁꽁 묶이게 되는데, 옵션이 행사되면 요구에 따라 풋 프리미엄으로 커버되는) 주식을 인수해야 할 의무가 있기 때문이지요.

이렇게 하락에 거는 투기는 정해진 순서라는 게 없고 성공이 거의 보장되지요. 어떤 이는 선도 콜옵션 계약을 이용해 매수하고 정해진 (선물) 계약 조건으로 매도하는가 하면, 어떤 이는 풋옵션 계약을 이용해 매도하고 정해진 (선물) 조건으로 매수를 하다가 투기 노선을 변경하기도 합니다.

하지만 (선택한 노선이라는 게) 오히려 잘못된 방향의 투기일 수 있고, 맞는 길을 놓칠 수도 있는지라 (이런 노선 변경은) 좀처럼 없습니다.

일곱 번째 술수는 황소들이 포위 공격에서 살아남기 위해서는 주식이 절실히 필요하다는 사실을 깨닫게 하는 겁니다. 그래서 곰들은 황소들에게 돈을 빌려줍니다.

그런 다음 곰들은 담보로 잡은 주식을 다시금 매도하고, 매도 대금으로 받은 금액과 주식을 담보로 빌려준 돈의 차액으로 추가로 콜옵션과 풋옵션 작전을 펼칠 수 있습니다.[◗]

◗ 본문의 글은 스페인어 원전을 그대로 옮긴 것이다. 그러나 독일어 번역가는 조셉 드 라 베가가 여기서 두 가지 실수를 했다고 믿는다. 번역가의 주장으로는 첫 문장에서는 '주식'이 아니라 '돈'이라고 표현했어야 맞으며, 풋옵션과 콜옵션 작전을 언급하면서, 오히려 필요도 없고 중요하지도 않은 생각들만 개진하는 효과를 낳았다는 것이다.

이거야말로 불멸을 약속하고는 죽음을 선사하는 악마의 술수입니다. 황소들이 산 주식에 (담보로) 곰들이 돈을 빌려주니, 겉보기에는 황소들에게 생명을 선사하는 셈입니다. 하지만 (이 무리는 돌변해서 주식을 팔고 황소들은) 자신들이 담보로 잡힌 주식을 다시금 사게 됩니다…….

곰들은 주식이 없으면서도 낯빛 하나 변하지 않고 주식을 많이 보유하고 있는 듯 굽니다. 주식은 마치 (게임의) 공처럼 오르고 내리기를 반복하면서 일주일에도 오십 번은 족히 손바뀜하지만, 이러한 손바뀜이야말로 주가가 무너지고 있다는 징후일 뿐입니다.

곰들이 연합의 보호를 받으며 10주를 팔아치우는 마당에 1주를 사는 게 무슨 의미가 있을까요? 곰들의 속셈은 곧바로 팔아치우는 것이니 담보로 잡은 주식을 넘겨받는 게 무슨 의미가 있을까요? (이런 상황에서) 그 누가 걱정을 억누를 수 있으며, 그 누가 통탄을 피할 수 있을까요?

학자들은 1주를 매수하면서 동시에 4주를 매도하는 것은 (진정한) 매수가 아니라는 내 설명에 과연 토를 달 수 있을까요? 1주를 인수하게 되면 동시에 10주가 인도되는 (거래가 수반되는데)

이것이, (진정한) 인수가 아니라는 내 생각이 틀렸다고 말할 수 있을까요?

(곰들로 이뤄진 주가 조작단이 쓰는) **여덟 번째 술수는 이렇습니다. 투기꾼들은 자신들이 직접 지어낸 사건을 퍼뜨리는 게 중요하다고 판단되면, 그 사건에 대한 편지를 작성하고는 적당한 장소를 물색해서 우연인 양 거기에 그 편지를 떨어뜨립니다.** 편지를 주운 사람은 귀중한 보물을 발견했다고 생각하겠지만, 실제로는 파멸로 이끌리는 우리아구약 성경에서 다윗이 반한 밧세바의 남편. 다윗은 우리아를 죽이기 위해 그를 전장으로 보내고 부하 장수들에게 우리아를 죽음으로 내몰라는 내용의 편지를 보냈다의 편지를 주운 것이나 다름없지요.

그는 누가 시키지 않아도 편지 내용을 자신의 무리에게 알리고, 사건을 접수한 무리는 그가 설명하는 근거에 홀딱 넘어가 매도 움직임에 나섭니다. 그리고 바로 그날 거래소에는 폭풍이 몰아칩니다. 이렇게 해서 소문은 뜬소문이 아니게 되었고, 의심은 사실이 되었고, 염려는 기우가 아니게 되었습니다.

아홉 번째 술수는 판단이 신중하기로 정평이 나 있고, 인맥도 훌

륭하며, 주식 매매와는 담을 쌓은 친구에게 손실 위험은 자기들 무리가 부담할 테니 주식을 한두 주 정도만 팔라고 부추깁니다.

(이런 술책을 쓴 것은) 무언가 새로운 행동에는 관심이 끌리기 마련이고, 따라서 이 친구의 (매도) 결정에 사람들이 소스라치게 놀라 중대한 영향을 끼치게 될 것이라고 판단했기 때문이지요.

열 번째 술수는 친한 친구에게 귓속말로(하지만 그 말을 엿들으려고 숨어 있던 사람들이 들을 수 있을 만큼 크게) **돈을 벌고 싶으면 팔아야 한다고 속삭이는 것이지요.** 우리의 모사꾼들은 "돌에도 입이 있다."라는 선지자의 말과 "벽에도 귀가 있다."라는 속담이 부인하지 못할 진실이라는 것을 경험으로 잘 알고 있습니다.

비밀이 퍼지면서 곰들의 조언에 수긍하는 (낌새가) 나타나게 되고, 그들이 주식을 팔고 있음이 확실해지는 순간 벽과 돌은 말을 하기 시작하지요. 사람들은 (귓속말로 속삭인) 그런 조언을 한 데에는 남모르는 이유가 있으리라 생각하면서 힌트를 읽은 것에 감사해합니다. 설마 가까운 친구를 속일 리가 없다고 다들 생각하니, 작전은 성공을 거두지요. 물고기가 미끼를 물었고, 그물이 가득 찼고, 승리를 축하하고, 곰들 무리는 아주 낙낙하게 목표를 이뤘습니다.

카운트레미너인도를 하나의 광산으로 취급하면서 어떻게든 이 광산을 고갈시키려고 한다는 뜻에서 붙은 이름이다들이 (즉 곰들 무리가) 목표를 이루려고 쓰는 **열한 번째 술수는 이렇습니다.** 그치들은 예레미야가 화살로 비유한 혀로 적을 상처 입히는 것이라든가, 이빨로…… 그러니까 말씨름만으로 적을 상처 입히는 것에는 만족하지 않아요.

이 곰들은 자기네가 고민하는 바가 충분한 숙려 후에 내린 생각이며, 온전히 회사 문제만 고민하고 있는 것이 아님을 은연중에 드러내고자 정부 채권도 팝니다.

이러니 황소들은 불화의 기운이 공화국에 드리우고 있으며, 촉각을 곤두세우고 전쟁 발발 가능성에 이목을 집중해야 할 만한 이유가 충분하다고 믿지 않을 도리가 없죠.

장기와 단기 국채를 매도하려는 의지를 보이는 게, 이 (주식) 사업에서 그다지 중요하지 않다고 생각할 수도 있습니다. 하지만 그건 오산이지요……. 우리의 투기꾼들은 (즉 황소들은) 주식 거래에서는 손발이 묶였고, 국채시장을 보호하기 위한 교전을 벌이다가 피를 흘리고 있습니다. 이 모두가 공화국이 위험에 처해 있고, 회사를 위협하는 위험이 닥쳤으며, 주식시장이 무너질 것이라는 (근거 없는) 주장이 떠돌기 때문입니다.

마지막으로 곰들 무리는 열두 번째 술수를 발동합니다. 시장의 흐름을 면밀히 파악할 요량으로 곰들은 (대규모 작전을 벌이기에 앞서서) **일단 매수부터 시작하면서 나온 매물을 모두 삽니다.** 주가가 오르면 그들은 재빨리 이익을 챙기고, 반대로 떨어지면 약세장을 확인했다는 것에 만족하면서 손실을 본 채로 주식을 팝니다.

더욱이 그들이 주식을 처분함에 따라 소심한 대중이 관심을 보이게 되었으니, 그것도 꽤 도움이 됩니다. 대중은 투기꾼이 손절매할 정도로 시황이 심각하다고 생각하게 되었기 때문이지요. 이것이야말로 갈피를 잡지 못하는 영혼들에게 영향을 미칠 수 있는 가장 강력한 계략 중 하나입니다.

(소심한 영혼들이 보기에) 곰들이 매수한다면 그들로서는 곰들이 조만간 팔 요량으로 주식을 사는 것인지(거래소 표현으로는 '화약을 찾다'라고들 합니다), 아니면 의견을 바꿔서 매도 포지션을 포기하고 정말로 매수로 돌아서기로 했기 때문에 사는 것인지 알 도리가 없습니다.

카운트레미너들은 이런 위장 전술을 쓰기로 결정하면, 그날 가격보다 더 높은 매수가를 제시합니다(이른바 가격 '부풀리기'죠). 그들은 이런 식으로 더 높은 가격에 (공매도로) 주식을 팔아서, 결국에는 이익을 챙기려고 주가에 영향을 미칩니다. 신께서는 숨결 한 번에 아담에게 생명을 불어넣으셨다지만, 곰들은 (주식) 가격 부풀리기로 많은 사람의 목숨을 앗아가는 것이지요……

상인 : 불쌍한 황소들은 이런 조작에 맞설 (방어할) 수단이 전혀 없는 건가요?

주주 : 있기는 합니다. 가장 대담한 공격에도 맞서서 보호할 방도가 있기 마련이고, 아무리 교활한 수단일지라도 정복할 방도는 있는 법이지요. 그러나 두 목표 중 어떤 목표를 좇아 취하는 수단이든, 결국은 같은 것이기도 하고 곰들에게서 발견된 수단이기도 합니다. 그러니 내 생각에는 이 양면적인 방법이 같은 포지션일지도 모른다는 염려가 들기는 합니다(아까도 말씀드렸듯이 도덕적 비난의 대상이 될 수 있지요).

장황하게 같은 말을 반복하게 되는 것은 싫으니, 황소들이 쓰는 방법에 대해서는 침묵하고 넘어가기로 하겠습니다. 다만 딱히 부도덕하게 굴지 않는 이상 찬사를 받는 몇몇 교활한 중개인들의[1] 행태에 대해서만 말씀드리겠습니다.

가령 어떤 중개인이 20주를 매도해달라는 주문을 받습니다. 그 주문을 한 사람이 황소라면, 중개인은 두려운 마음에 식은 땀을 흘리다가 이내 머리끝까지 화가 치밉니다. 중개인이 자기 계좌로 매수했던 주식을 팔면 매도 사실이 소문이 나서 (갑작스러운 매도에) 비난받을 수도 있다고 생각해서죠.

반대로 중개인이 자기 주식은 그대로 둔 채 주문받은 매도를 수행한다면, 이 중개인은 이번 매도로 주가가 급락해서 혹여 자기 계좌의 주식을 처분할 때 크게 손실이 날까 걱정하지요.

마침내 중개인은 정직하게 굴기로 마음먹습니다. 그리고 순전히 (탄로가 날 것이) 두려워서 위탁받은 거래를 더 잘 처리하기 위해 자신의 이익은 포기하려 합니다. 하지만 사람들은 원래 그런 (종류의) 위선은 기가 막히게 냄새를 맡죠.

카운트레미너들이 다시금 용기를 얻으며 고함이 터지기 시작

---

[1] 여기서 조셉 드 라 베가가 언급하는 중개인들은 자기 계좌로 투기에 참여하는 이른바 '자유중개인'들을 가리킨다.

합니다.

"해안 근처에 해적이 있다."

또 누군가 외칩니다.

"이러이러한 사람이 설사약을 먹었나 보네. 비밀 의뢰인을 위해 최대한 팔고 있으니 말이야."

세 번째 외침이 나옵니다.

"설사병으로 죽기 직전인가 보지."

다른 누군가가 농을 합니다.

"알을 낳았다나 봐."

그리고는 모두가 입을 모아 선언합니다.

"저 인간이 거래소에 독을 풀고 있어!"

이런 사건이 있을 때면 으레 투기꾼들이 흔히 쓰는 표현이고, 이런 일에서 관습적으로 사용되는 표현이기도 합니다. 이 모든 조롱에도 무뚝뚝한 중개인은 꿈쩍도 하지 않아요. 그는 그저 자기 능력껏 주문을 실행하기만 할 뿐이니, 주문을 수행하기도 전에 모두가 알게 되는 것이 성가실 뿐입니다.

그런 비난의 고통은 뼛속까지 파고들지는 못해요. 그 고통이 중개인의 심장을 꿰뚫기는커녕, 그는 오히려 누구에게도 손해를 입히지 않는 훌륭한 인물로 여겨지지요…….

주문을 위탁받은 중개인은 한몫 크게 벌고 싶어서 자기 계좌로 거래하고 있었죠. (이런 상황에서) 중개인이 주문을 받으면 주문을 실행하느라 자신의 거래와는 반대 방향으로 묶이게 되니 심장이 두근대고, 표정이 변하고, 언사가 격해지고, 목구멍이 칼칼해지고, 새된 소리가 나오고, 숨이 막힙니다.

재주껏 위험에서 도망치지 못하면 처참하게 무너지고, 얼간이가 되어 죽을 겁니다. 이런 사태를 피하려 중개인은 자기가 가진 주식을 몰래 팝니다. 중개인이 원하는 건 누군가의 목을 휘감을 뱀을 죽이되, 그 사람은 다치지 않게 하는 것이지요.

한마디로 (자기 이익에는) 피해가 없게 하면서, 또한 접수된 해당 주문에 한해서도 어떤 손해도 끼치지 않으려고 성실히 행동하는 겁니다.

그러니 애초에 이런 문제가 될 만한 일은 피하고 (고객을 위한 거래만을 함으로써) 심장에 더해지는 압박감을 줄이는 게 낫지요. 평판을 다 잃어서 중개 사업을 하지 못하게 되고, 중개를 하지 못해 돈을 벌지 못한다면 (혹여 조금이나마) 이익이 난들 그게 본인에게 무슨 소용이 있겠습니까?

중개인이 아무 사심도 없이 현명하고 능란하게 대량 주문을 성실히 수행해준다면, 이 어찌 주목하지 않을 수 있을까요. 매수를 주문받은 성실한 중개인은 몇 주라도 빨리 사는 데 모든 노력을 기울이겠지요. 운 좋게 싸게 거래하면 차후에 나머지 주식도 (합리적인 가격에) 확보할 수 있을지도 모른다고 희망하면서 말입니다.

그는 매수 의도를 감추려고 어떤 때는 (주식을) 일부 내놓기도 하고, 가끔은 매도 호가를 부르기도 합니다. 그러다가 주식이 그의 목전에 들이밀어지면 목적은 성공하는 겁니다.

누군가가 그에게서 주식을 인수하려 하면, 그는 (실제로는 위임받은 매수량을) 이미 다 샀으니 (거래소) 가격에 영향을 주지 않고도 이중으로 중개수수료를 챙기게 되지요.

그가 감탄이 나올 만큼 민첩하게 검을 찔러대고 성과도 그토록 만족스러우니, 다만 이런 성공을 매번 거두지는 못한다는 점만 아쉬울 따름입니다…….

거래소 상황이 바람직하지 않기는 해도 (중개인이) 워낙에 대담하고 독창적이어서 (가끔은) 성공을 합니다. 그러니 그 성공이 더 더욱 감탄을 자아낼 수밖에요.

다시 말하지만 이 중개인이 이미 주가 하락에 걸고 자기 계좌로 투기하고 있는 와중에, 매도 주문이 들어온다면 중개인은 하늘을 찌를 듯 기쁘겠지요.

우리의 투기꾼들은 네덜란드 사람들은 코피라고 말하고, 레반트팔레스타인, 레바논, 시리아, 요르단 등 동지중해 지역을 일컫는 명칭 사람들은 카페라고 말하는 음료를 파는 커피하우스라는 곳에 자주 갑니다.

커피하우스의 후끈한 방은 겨울에 몸을 녹이며 머물기에 좋은 장소인 데다 여흥 거리도 부족하지 않습니다. 책과 보드게임이 구비되어 있고, 손님들과 앉아서 사업 이야기를 나눌 수도 있습니다. 커피를 마셔도 되고, 우유나 차를 마셔도 되고, 거의

아마도 이 중개인은 원주로부터 목적인 매수 주문만이 아니라, 위장 매도 주문을 해도 된다는 허락을 받았을 것으로 짐작된다. 이 경우에도 원주는 뒤로 빠지고 중개인이 진행한다.

모두가 대화를 나누며 담배를 피웁니다. 마음껏 이용해도 돈이 크게 들지 않으며, 새 소식을 들으면서 거래를 흥정하고 체결하기도 합니다.

거래소가 문을 연 동안에 황소가 커피하우스로 들어오면 그곳에 있던 사람들은 황소에게 오늘 주가가 얼마냐고 물어봅니다. 그는 당일 주가에 1~2% 정도를 덧붙여 가격을 말하면서, 주문을 접수하기라도 하는 듯 굴면서 노트를 작성합니다.

주식 매수의 욕구가 늘어나면서 주가가 더 오르면 어쩌나 하는 우려가 사방에 만연하게 됩니다(이런 마음이 생기는 건 우리가 다 똑같기 때문입니다. 우리는 주가가 오를 때는 하늘 높이 오를 것으로 생각하고, 꼭대기까지 오르고 나면 아예 하늘 밖으로 치솟을 것이라 생각하지요).

결국에는 교활한 중개인에게 매수 주문이 들어옵니다. 그러나 이 중개인은 제 목표를 이루려는 교활한 마음에 받아 놓은 주문이 너무 많아 추가 주문을 받기는 어렵다고 대꾸합니다.

이 순진한 의뢰인은 그 말의 진실성을 조금도 의심하지 않고 주식을 사고 싶은 마음만 더더욱 불타올라서는, 다른 중개인에게 가격도 제한하지 않고 매수 주문을 넣습니다.

이 사실이 (처음의) 교활한 중개인에게 알려지자마자 두 번째 중개인은 서둘러 거래소로 달려갑니다. 그리고는 바로 당일 주가보다 더 비싼 값에 매수 주문을 넣습니다. 그전에는 시큰둥했던 두 번째 중개인이 더 높은 가격을 부른 것은 주가가 변하고, 투자 욕구가 올라갈 만한 뭔가 새로운 이유가 있어서라고 믿기 때문이죠.

상승한 주가가 유지되는 시점에서는 속임수는 성공이라는 왕관으로 치장되고, 처음에는 광기라고 여겨졌던 것이 이제는 현명해 보이는 행동으로 보입니다…….

이런 순환에서도 가장 감쪽같은 속임수는 몇몇 황소가 곰 행세를 하는 것이지요. 이렇게 하는 데에는 크게 두 가지 이유가 있습니다. 첫째로는 (진짜 곰인) 맞수들은 뒤로 물러나 있어 정체가 가려진 사람들로부터 자기네가 한 주라도 주식을 매수할 수 있게 된다면, 그건 (황소 무리인) 상대방이 생각을 바꿔서 그들에게 은으로 된 다리를 지어 주는 게 아니라 아래로 끌어내릴 방도를 모색하기에 그런 것으로 생각하지요…….

이제 황소들은 곰들이 (황소를 침몰시키려고) 공매도로 팔았던 주식에 대해 후한 값을 치르지 않을 수 없도록 주가를 바꿉니다. 이렇게 해서 황소들은 목표를 달성하고, 사악한 적을 위장 전술로 무찌르고, 사기를 치려는 무리를 오히려 묘수를 발휘해 패배시킵니다.

둘째로는 돌발 상황이 닥쳤을 때 집단 공포를 유발하지 않고 매도하기 위해서입니다. 이 (특정) 투기꾼들이 카운트레미너일 거라고는 아무도 의심하지 않으니, 황소들은 이 투기꾼들이 내놓은 주식을 사려고 벌떼처럼 모여들지요. 어쨌거나 황소들은 의견을 유지해야 하고 누군가 희생양을 만들어야 한다고 생각하는 것이지요.

한 (중개인) 남자가 거래소에 모인 군중이 뭘 하고 있는지 알아보려고 합니다. 그는 무리를 지어 있는 사람들의 겨드랑이 아래로 머리를 디밀었고(불쾌한 땀내 따위야 무시하면 그만입니다), 매수가로 588이 제시되었는데 아무도 그 가격에 수긍하지 않는다는 걸 알게 되지요.

중개인은 몸을 돌려 다른 무리 안으로 비집고 들어가서는 아무것도 듣지 못한 척, 상한을 두지 않은 매수 주문이 있는 척 행세합니다. 중개인이 590부터 매수가를 외치고, 그의 뒤꽁무니를 쫓던 사람들은 만용에 쐐기를 박을 셈으로 600을 제시합니다. 마침내 일이 성사되면서 환희와 승리의 갈채가 쏟아집니다.

죽은 물고기들 사이에 전기뱀장어를 놓으면, 뱀장어의 몸부림에 밀쳐진 물고기는 다시금 움찔거립니다. (마찬가지로) 죽은 듯 보였던 황소들도 중개인의 목소리에, 그의 거짓말에, 그의 용기에 이내 깨어나 되살아나죠. 중개인이 하는 약속이 어찌나 힘과 활력이 넘치는지, 이 활기차고 쾌활한 악당은 심지어 죽은 자들의 부활에도 영향을 미칠 정도랍니다.

늑대가 보이면 소들이 조용해지고, 개구리는 눈에 띄었다 싶은 순간 몸을 옅은 색으로 바꾸는 마당에, 곰들이 그런 상황에서 침묵하면서 허옇게 질리는 게 무슨 대수로운 일이겠습니까?……

주식 매수나 매도가 시작되게 할 수 있는 (흔히 사용되는) 세 가지 공식이 있지요. 매도자가 말합니다.

"주식을 당신에게 이 가격에 넘기겠소이다."

아니면 더는 부연 설명 없이 "주식을 그 가격에 넘기겠소."라고만 하지요. 또는 이렇게 말합니다.

"주식을 원하는 모든 이에게 이 가격에 넘기겠소."

덧붙이자면 너무 위험해서 잘 사용되지 않는 공식도 있어요.

"주식을 넘기겠소."라고만 말하는 사람은 제시가가 얼마이건, 그 가격에 주식을 넘기지 않을 수가 없어요.

혹여 이 매도인이 나중에라도 헐값에 넘긴 것을 후회할 수 있습니다. 하지만 차마 우정을 지키느라 의무를 저버리지 못한 그로서는 기도하고, 불평하고, 고통을 감내하는 것 말고는 다른 도리가 없습니다.

"원하는 사람 누구에게나 주식을 넘기겠소."라고 말하는 사람은 위험을 자청하는 셈입니다. 마치 일용할 양식이 달려있기라도 한 듯, 그런 너그러운 제안이 나오기만을 기대하는 사람이 어디든 있기 마련이니까요. 그런 이들의 지위라든가, 볼품없는 자본이라든가, 낮은 평판이라든가, 부족한 신뢰도야 이미 알려질 대로 알려져 있습니다. 그들로서는 감히 크게 거래할 시도는 꿈도 꾸지 못하지요.

그러나 그들은 우리의 허풍쟁이가 떠벌인 이 인심 후한 제안을 들으면, 당장 "그 주식은 내가 사겠소!"라고 외치며 허풍쟁이를 좌불안석으로 만듭니다. 이렇게 해서 허풍쟁이는 (과도하게) 자신만만했던 것에 대한 벌을 받고는 본인의 경솔한 행동을 후회하게 되는 것이지요.

"주식을 넘기겠소."라고만 말하는 사람은 속내가 참으로 음흉한 겁니다. …… 그의 목표는 매도가 아니라 주가를 움직이게 하는 것이지요. 매수 의사를 보이는 사람이 등장하면 (딜러는) 곧바로 이렇게 받아칩니다.

"넘기긴 하지만 당신한테는 아닙니다."

엄밀히 말해서 그가 한 말이라고는 "주식을 넘기겠소."가 전부이니, 그밖에 져야 할 다른 의무는 없는 겁니다. 한마디로 이 중개인은 언제나 양날의 검과 2연발 피스톨 권총을 손에 쥐고서 결전에 임하고 있는 셈이지요.

(이름이 충분히 잘 알려져 있으면) 계약서에 연서連署, 한 문서에 여러 사람이 잇따라 서명함를 하는 중개인이 있다고 해도 놀랄 일은 아니에요. '주문 접수인, N. N'이라는 식으로 말이지요. 그들로서야 자기 계좌로 거래하고 싶은 마음이 굴뚝같으니 이렇게 행동하는 것이고, 계약서에 연서를 하는 이유는 이 거래가 순전히 고객

의 '주문'에 의해서만 수행되는 것임을 밝히기 위해서입니다. 이렇듯 그들은 자신의 탐욕을 감추고 어리석음을 숨기는 방법을 잘 알고 있지요.

그보다는 일부 진취적인 중개인들이 이미 오래전부터 진짜 중개업과 거래소에서 자기 계좌로 거래하는 (두 가지) 사업을 동시에 벌이고 있다는 게 놀랍기 짝이 없죠. 주식이 인도되는 시점에서 그들은 자신들이 원주라고 말하면서 명의만 바뀐 게 아니라, 진짜 소유주가 바뀌었다는 식의 말을 늘어놓습니다.

한 남자가 아내와 같이 선술집에 왔는데, 남자와 아내는 한 몸이라는 신의 말씀을 언급하면서 한사람 값만 치르려고 했습니다. 하지만 술집 주인은 그런 궤변에 넘어갔다가는 자기만 손해라는 것을 모르지 않았기에, 부부가 자기 꾀에 자기가 넘어가도록 만들고자 이 부부에게 열한 명의 값을 치르라고 요구했습니다.

둘이 하나라면 숫자 1을 나란히 놓으면 11이 되지 않느냐고 말하면서요. 잔머리를 잘 굴리는 이 중개인의 계책은 선술집 주인의 재치 있는 대응과 일치한다고 볼 수 있지요. 두 사람 모두 중개인 겸, 상인 겸, 계약자 겸, 변호사 겸, 판사 역할을 동시에

하는 1인 5역이 가능하다고 상상하려 노력하니까요…….

하지만 거래소의 (어떤) 무리가 가장 영향력이 있고, 가장 존경받는 중개인의 보호를 버팀목 삼고 있었습니다. 그런데 그 중개인이 등을 돌리는 당혹스러운 상황에 처한다면, 거기에는 모종의 이유가 있기 마련이지요.

(추측하건대) 이런 중개인은 거래소에서도 가장 지위가 높고, 돈도 많고, 모험도 꺼리지 않는 사람들을 위해 일하고 있겠지요. 이 중개인의 고객은 황소들이고, 원주에게 최대의 이익을 가져다준다는 것이 그의 공명정대한 열망의 최종 목표지요.

어느 날 머리가 비상한 곰이 주가가 흔들리기 시작한다는 것을 눈치챕니다. 주가 하락을 재촉하고자 곰은 (정직한) 중개인에게 원주 이름은 드러내지 않고 10주 매도 주문을 넣습니다. 이 중개인이 바라는 것은 중개수수료를 버는 게 전부이니, 그는 성실하게 오차 없이 신중하게 주문을 수행합니다. 하지만 그가 하는 행동이 (황소인) 친구들에게 피해를 입힌다는 거야 자명한 사실이지요.

중개인의 추종자들이 놀라서 고객을 대신해 매도하는 것이냐고 묻습니다. 최근에 무슨 말을 들은 게 있어서 그러느냐는 말도 합니다. 중개인은 대답하지 않습니다. 추종자들은 중개인에게 아직 팔아야 할 주식이 많냐고 묻습니다. 그의 입은 꾹 닫혀 있습니다.

얼마 전까지도 추종자였던 사람들은 (중개인이 마음을 바꿔 배신한 것에 격노해) 그를 곤경에 처하게 만들고, 차익을 내며 매도하지 못하게 방해하려고 주가가 오르도록 유도합니다. 한편으로는 왜 우리 편의는 하나도 봐주지 않은 것이냐며 배은망덕한 그를 비난합니다.

교묘하게 감췄던 진실이 드러났을 때는 주문한 곰은 이미 목표를 달성했고, 불화를 심었으며, 주가가 떨어지게 만들고 난 참이었죠. 그만하면 완벽히 성공했다고 떠벌려도 될 정도죠…….

수많은 중개인이 (필요한 수법을) 만들어내는 데는 무궁무진하지만, 그것만 가지고는 목적을 달성할 수 없습니다. 황소들이 주식에 대해 천 가지 소문을 퍼뜨린다지만, 주가를 끌어올리는 데에는 그 소문 중 하나만으로도 충분합니다.

그리고 카운트레미너는 거래 분위기를 침체시키기 위해 천 가지 계책을 시작합니다. 하지만 우연이라도 이런 날조된 소문 중 몇 가지라도 사실임이 확인된다면, 오히려 상황이 반전되어 (기대보다) 심각하지 않은 결과가 나올 수도 있습니다.

가령 우려했던 것처럼 상황이 좋지 못하다는 것이 확인되고 나면, 이토록 나쁜 상황인데도 불구하고 주가가 오르기도 합니다. 반대로 호재인 사건이 기대에 못 미치면 (주가가) 하락할 수도 있습니다.

(주가 상승을 원하는) 영악한 중개인이 (주식) 2,000파운드어치를 사려 한다고 가정해볼까요. 그는 우선은 1,000파운드어치 주식을 사고는 적어도 20,000파운드어치 주식을 살 예정이라는 인상을 풍깁니다. 이 중개인을 따라 하려는 것인지 잘 보이려는 것인지는 모르겠지만, 다른 중개인도 주식을 삽니다.

그것을 본 우리의 영악한 중개인은 이 두 번째 중개인에게 다가가서 은밀한 (하지만 중개인의 말을 엿들으려고 호시탐탐 노리는 사람들에게는 다 들릴 정도의) 목소리로 괴로움을 토로합니다.

그는 제발이지 자기가 하는 일을 망치지 말아줄 것이며, 주가에도 영향을 미치지 말아 달라고 애원합니다. 사야 할 주식이 아직도 산더미고 이렇게 방해를 받다가는 거래가 실패해, 결국 크게 손해를 볼 거라면서요.

이 중개인은 잔꾀를 부렸을 뿐인데, 이제는 거래소 전체가 중개인이 대량으로 매입하려는 것으로 생각합니다. 순식간에 모두가 이익을 확보하려고 매수를 시작합니다. 이런 수법이 성공할 것이라고 완전히 장담은 못하지만 시도해봄 직은 하지요.

사탄은 선악과를 먹으면 영생을 얻을 수 있다며 하와를 유혹했습니다. 정말로 선악과가 영생을 준다면 사탄이 먹어보라고 했을 리가 없죠. 사탄은 오직 자기한테만 좋은 조언을 하는 존재니까요.

거래소에서 벌어지는 일이나 사탄의 유혹이나 다르지 않아요. 하지만 조금 전에 말한 것처럼 영악한 중개인이 친구들에게 자기가 주식을 사야 하니, 다 같이 매수해 주가를 올리는 짓은 하지 말아 달라고 부탁합니다. 그리고는 정작 그들은 주가가 움직이게끔 행동한다면, 이런 계략에는 신성한 무언가가 깃들어 있다고 말할 수 있지 않을까요…….

관대한 중개인이 친척에게 호의를 베풀기를 원한다면, 그 친척에게 백 번도 다가섰다 말다를 반복하겠지요. 그리고 이내 필요한 정보를 넌지시 알려줄 수 있게 되었을 때는 (그 최상급의 정보를) 엿들을 기회를 호시탐탐 노리는 사람들이 듣지 못하게 하려고 할 겁니다.

혹시나 만일의 사태에 대비해 약어를 사용하지만, 편의상 쓰는 약어가 오해를 불러일으켜서 원래 의도와는 정반대로 이해되는 경우가 많습니다.

어느 날인가, 나는 자기 볼일을 보느라 바쁜 한 신사에게 앞으로 어떤 일이 일어날 것 같은지 의견을 물었습니다. 그가 잔뜩 흥분한 어조로 "벤."[◗]이라고 대답하더군요. 나는 그가 나를 부른다고 생각해서 뒤를 따라갔는데, 글쎄 그가 선술집에서 주식을 잔뜩 사기만 할 뿐 내게 아무 말도 하지 않는 겁니다. 그래서 나는 "벤."이라는 말이 그대로 자신을 따라 하라는 거로 생각해서, 나보고도 매수하라는 의미로 받아들였죠.

조언을 들은 나는 무척이나 기쁜 마음에 서둘러 거래소로 가서 주식을 샀는데, 갑자기 이 신사가 한 번 계약에 8주나 파는

◗ 'Ven'은 스페인어로 '와라'를 뜻하는 'Venir'와 '매도'를 뜻하는 'Vender'의 음절이다.

것을 보고 소스라치게 놀라고 말았습니다. 나는 (배신이 분명한 이 행동에) 화가 치솟아서 이 작전에 나를 끌어들인 것으로도 모자라 어떻게 그런 치졸한 방식으로 속일 수 있었냐며 항의했습니다.

하지만 이 신사는 단지 적의 포지션을 흔들려고 은밀하게 주식을 매수했던 것이었다고 단언하더군요(실제로도 추가로 매도했으니 그 말이 거짓은 아니었습니다). 게다가 나한테 거듭해서 "벤."이라고 말하면서 주식을 팔라는 신호를 충분히 보냈다고 말하더군요. 다만 누가 엿들을지도 모르니 더 분명하게 말하지 못했을 따름이라나 뭐라나요.

(정중한 표정 뒤로 진짜 의중을 숨긴 몇몇) 중개인은 자신이 매수 주문을 넣으면서도 친밀한 친구에게는 팔라고 충고하는 행동을 하니 몰염치한 인간이라고 여겨지죠. **"수법이 야비하다."라는 이 말이야말로 그들의 특징을 단정하기에 딱 적당한 표현이지요.**

이걸로 끝이 아닙니다. 그들은 걱정에 전전긍긍하는 사람을 보면 다른 사람의 손을 빌려 그들이 주식을 팔도록 종용합니다. 노심초사하지 않는 사람은 오히려 속여 넘기기가 만만치 않을 테니까 말이에요…….

상인 : 자그마한 호의 하나만 더 베풀어 주시기를 부탁드릴까요. (최근에) 주가가 유례없이 크게 떨어진 이유가 뭔지 알고 싶습니다. 워낙 짧은 시간에 너무 많이 떨어져서 말이 안 나올 지경입니다.

주주 : 기꺼이 설명드리지요. 다만 조금은 차분하게 제 말을 들어 주셨으면 합니다. 주가는 365까지 떨어졌다가 다시 465로 오르더니, 이 수준을 유지하고 있지요. 그러나 사탄이 황소들의 길목에 깔아 놓은 수많은 함정을 조심해야 합니다.

…… 욥기에서 사탄이 신께 자신이 땅을 이리저리 돌아다녔다고 말하는 대목이 나오죠. 우리에게 불행이 일어나기 전에 (바로 이 사탄이) 바다와 뭍도 들렀었다고 볼 수밖에 없네요. 불운한 소식이 곳곳에서 들려오더니, 치명적인 사건의 시발점이 되었으니 말입니다.

땅에서는 모든 곳이 평화롭고 평온했습니다. 거래소에서는 돈의 공급이 원활했고, 신용이 넘쳐흘렀습니다. 수출 전망은 밝았고, 좋은 소식이 차고 넘쳤고, 사업 지식이 비할 데 없이 늘어났으며, 인구는 증가하고, 강력한 함대와 도움이 되는 우방이 있었죠.

그러니 조금의 근심도 없었고, 일말의 걱정도 들어서지 않았으며, 구름 한 점 끼지 않았고, 스쳐 지나가는 그림자조차도 보이지 않았습니다.

희망봉 총독이 보낸 서신 한 통이 (프랑스 선단을 통해) 바다를 건너 도착했습니다. 내용인즉 인도에서는 원하는 대로 모든 것이 순조로웠고, 인도에서 온 배들이 값진 화물을 잔뜩 싣고 (희망봉에) 도착했다는 것이었습니다. 중국이 문호를 개방하고, 새 광산을 발견한 덕분에 상황이 좋게 흘렀던 것이지요.

여하튼 간에 모두는 수확이 풍성할 뿐만 아니라 경제 상황도 넉넉해질 것이라고 예상했죠. 모두를 놀라게 할 만큼 커다란 기적이 있을 거라는 기대가 넘쳐흘렀습니다.

이 가슴 부푼 전망에 찬물을 끼얹을 만한 일이 있다면 딱 하나였습니다. 화물을 가장 많이 실은 배 중 하나가 사고를 당해 더는 항해를 계속할 수 없어, 희망봉에서 바타비아로 회항했다는 소식었지요.

하지만 께름칙한 사건이기는 해도 대수롭지는 않은 일이라고 여겨졌는데, 같이 항해하는 배들이 있을 것으로 생각되었으니까요. 그러니까 바타비아에서 첫 번째 배가 출항하고, 몇 달 뒤에 그보다는 작은 배 두세 척이 출발한 것이지요. 첫 번째 배에는 금 4톤 정도 가치의 화물을 싣고 있고, 이외에도 동인도회사 관리진들이 (네덜란드의) 이사진들에게 보내는 원장과 장부와 대차대조표도 실려 있었습니다.

이 첫 선단이 도착하기 이삼일 전에 (내용은 다르나) 확실히 믿을 만한 소식이 전해졌습니다. 이 선단이 모래톱에 걸려 좌초되었지만 위험에서는 벗어났고, 되돌아간 배가 실제로는 선단의 호송을 받아서 항해했다는 거였죠.

황소들에게는 반갑기 짝이 없고 배당금과 관련해서도 대단히 중요한 소식이었으니, (거래소의) 아합과 사탄의 영혼은 정신이 번쩍 났죠. 같이 승리감에 들뜨지 않은 사람은 바보 취급을 당했고, 주식을 파는 사람은 옹고집을 부리다 제 발로 밥상을 걷어차는 사람으로 여겨졌지요. 매도는 바보짓에, 미친 짓에, 범죄로 불렸습니다.

배가 안전하게 항구에 도착했고 이사들은 새로 들어온 편지를 일부 읽었지요. (인도의 인큡이라는 곳에서 산 물건의) 화물이 예년처럼 금 50톤에 해당하는 금액이 아니라, 34톤에 불과하다는 소문이 돌면서 분위기가 반전되었고 낙관이 끝났습니다.

그렇더라도 카운트레미니가 주가 상승을 추측하여 과도하게 투기하지 않았더라면, 타격도 그렇게 크지는 않았을 겁니다. 웅대한 전망에 당황한 나머지 그들은 교전을 개시할 엄두조차 내지 못했지요. 카운트레미니가 충분한 수의 주식을 (공매도로) 팔았더라면, 처음에 가격이 20%나 떨어졌을 때 충분히 유리한 입장에 설 수 있었을 겁니다.

그리고 (숏커버링 약속을 지키려고 주식을 사면서) 쏠쏠한 이익도 챙길 수 있었겠지요. (전체적인) 주가 폭락도 그렇게나 맹렬하지는 않았을지도 모르고요.

그러나 **누군가는** (각오한 것보다도) **훨씬 많이 잃고 싶지 않았고, 누군가는 조금이라도 손해 보는 게 싫었고, 또 누군가는 조금이라도 챙길 수 있을 때 챙기고 싶었지요. 그리고 매도 물결이 거세게 일더니, 도처가 실의에 빠졌죠.**

(앞서 계약을 체결한 주식을) 인도해야 하는 사람들은 의무를 이행하려고 부득이하게 다시 주식을 팔아야 했습니다. 담보로 잡

힌 주식을 가지고 있던 사람들은 빌린 돈의 총액이 주식 가치보다도 내려갔으니, 다시금 주식을 팔았죠.

주식을 샀던 사람들은 손해가 더 커지는 것을 막으려고 주식을 판 것으로도 모자라, (이전의) 손실을 보충하려고 또 다시 매도했습니다. 일찌감치 공매도했던 극소수 매도자들은 이익이 늘어날 전망에 흥이 잔뜩 올라서 행운을 꽉 잡기 위해 (의도적으로) 주가 하락을 부추겼습니다.

결국 사람들은 주식을 걸머쥐고는 (아닌 말로) 구걸을 했습니다. (잠재적) 매수자에게 자선을 애원하는 모양새나 다름없었죠. 다들 공황에 빠지고 말로 할 수 없는 충격에 빠졌습니다. 이런 모습을 누가 보면 세상이 흔들리고, 땅이 꺼지고, 하늘이 무너지기라도 한 줄 알 겁니다.

전반적으로 분위기가 나아지기 시작한 것은 이어서 회사에 도착한 서한들의 내용이 알려지면서입니다. (올해 수입한) 34톤어치를 팔았는데, (가격이 더 오른 덕분에) 그거면 전년도에 50톤어치를 팔았을 때만큼의 이익을 남길 수 있는 듯했으니까요.

그러나 결집한 곰들은 황소들이 안도의 한숨을 내쉬지 못하게

하려고 조만간 전쟁이 일어날 것이라고 소문을 퍼뜨렸습니다. (곰들 말로는) 비밀스럽게 전쟁 준비가 한창 진행되고 있다는 소식을 입수했고, 의심은 터럭만큼도 들어설 여지가 없다는 것이었죠.

세금이 산사태처럼 불어날 것이고, 부담이 헤아릴 수 없이 막중해질 것이고, 유럽 전체가 화염에 휩싸일 것이고, 곳곳이 비참함과 공포심과 폐허에 잠길 것이라고요.

심지어는 카운트레미너들이 짠 음모를 미리 눈치챘던 사람들마저도 겁에 질렸고, 결국에는 곰들이 전적으로 시장 가격을 통제할 수 있게 되었습니다.

이렇듯 그들은 상황을 전적으로 지배할 수 있게 되면서 곧바로 현금을 받고 주식을 파는 것을 삼갔습니다. 그리고는 지급능력이 있는 사람이 얼마 남지 않기를 바라면서, 매도 대금을 받는 것을 차일피일 미뤘지요.

그 결과로 주식 거래는 방금 말했던 비통한 곤경에 빠지고 말았고, 심지어는 재력이 상당하다고 알려졌던 몇몇 사람들마저도 옵션을 과도하게 매수한 사람들을 위해 마련된 보호책에 호소하게 되었습니다(프레데릭 헨드릭의 칙령에 호소했다는 뜻입니다).

성서에 사울이 잠자리에 든 다윗을 잡으라고 병사들을 보냈으나 침대에는 우상만 덩그러니 놓여 있었다는 말씀이 나오죠. 거래소에서도 마찬가지였습니다. 사람 대신에 덩그러니 놓인 돌멩이만 나왔으니, 제아무리 강하게 주가를 떠받치고 있던 사람인들 가느다란 막대기처럼 쓰러질 수밖에요.

두카톤 투기의 피해가 불러온 혼란은 비교도 안 될 정도로 더 컸습니다(이 가상의 단위로 하는 투기를 법원은 게임 내지는 내기라고 판결을 내렸기에, 두카톤 거래는 진정한 주식 거래로는 인정받지 못했습니다). 그러니 지급을 거절하려고 프레데릭 헨드릭 칙령에 호소하고 말고 할 필요조차도 없었지요.

이렇듯 남의 주머니를 터는 행위로 주당 3,000길더였던 가격이 300길더로 쪼그라들었다가 500길더로 올라갔을 때, 투기꾼들의 행동도 천차만별이었습니다.

체면을 아는 몇몇은 전액을 지급했고, 몇몇은 돈이 되는 한 일부라도 지급했습니다. 그러나 갑작스러운 거래 보류에 영향을 받아 (여기에 대해서는 누구도 더는 한마디도 안 했죠) 돈을 주지도 요구하지도 않는 사람들도 있었지요.

어떤 중개인 무리는 완전히 무일푼이 되어서 돈을 지급하지 못했고, 또 어떤 무리는 사업상 인맥이 약해지고 가진 자산마저 충분하지 않아서 지급을 거절해야 하기도 했습니다. 심지어는 지급 유예를 떠벌리고 다니는 인간들도 있었는데, 그들이 얼마나 염치를 모르는 철면피였냐 하면 흙으로 돈을 만들었다고 채권자들을 속이려고까지 했답니다.

이 인간들이 이토록 무례하지 않고 조금이라도 예의를 아는 족속이었다면 적어도 이렇게는 말해야 했습니다. 인간은 흙으로 만들어졌으니 다른 제물을 바치기보다, 흙으로 된 자신들의 몸뚱이나마 바쳐서 채권자들을 만족시킬 생각이라고요.

(알고 보니 동인도회사가) 수입한 화물은 대단히 풍성했습니다. 하지만 (기드온의 군대처럼) 그 횃불은 항아리에 감춰져 있었습니다. 다들 (화물의 가치는 모르고) 수량이 어마하다는 것만 알았지요. (말씀드렸듯이) 무모한 투기꾼들은 이번이 얼마나 훌륭한 거래인지는 보지 못하고, 그저 겉을 덮은 껍데기만 보았습니다.

(인도에서 온) 최근 서한들을 면밀히 살핀 후에야 화물을 판매하면 높은 수익을 낼 수 있다는 사실이 드러났습니다. 항아리가 깨지면서 횃불이 드러났지만, 동시에 곰들은 나팔을 불면서 전

쟁이 선포될 것이라고 소리쳤습니다.

이 얼마나 간악한 행동인지요. **거래소의 이 파괴자들은 이미 벌어진 확실한 사실만이 아니라, 벌어질 가능성이 조금밖에 되지 않는 일까지도 사실인 양 전달했으니까요.** 곰들은 네덜란드 공화국이 전쟁에 돌입할 수도 있다는 가능성만을 보고 전쟁이 일어날 거라고 외치고 다녔습니다. 실제로 일어날 일뿐 아니라 일어날 수도 있는 일을, 마치 기정사실인 것처럼 퍼뜨리고 다니며 거래소를 파괴했습니다.

하지만 **내가 진짜 놀란 것은 이들이 어째서 전쟁이 가능하다고 예측했는지가 아니라, 단순히 전쟁 가능성에 불과한 것을 이미 전쟁이 발발했다고 확신할 수 있었느냐는 것입니다.**

친구들이여, 이제 (지난번) 거래소에서 벌어진 불운의 재앙에 대해서 내가 할 말은 다 했소이다. 그래도 이건 그때의 일을 겉핥기로만 설명한 것에 불과합니다…….

이 투기극에는 모두가 연루되었습니다. 거래소는 투기가 시작되었을 때는 장밋빛 그림을 제시했고, 투기가 끝났을 때는 슬픈 그림을 내걸었죠……. "행운은 용감한 자의 편이다."라는 격언이 있다지만, (동인도) 회사와 관련해서는 하등 쓸모없는 격언일 뿐이지요. 용감한 이들은 그 회사 주식을 거래하고서 이기기는커녕 내동댕이쳐졌으니 말입니다.

그러나 이러한 어려움이 있을지라도 **굳이 투기하겠다면 상승장에서만 하고 하락장에서는 하지 말라고 충고하고 싶습니다. 내가 손해를 입었던 상황이라든가 한 푼도 못 건졌던 상황을 본다면, 내 말이 얼마나 진심인지 잘 알 수 있을 겁니다.**

이렇게 충고하는 것도 내가 그 불운을 몸소 겪어봐서죠. 그리고 주식 거래가 이미 부활의 조짐을 보이고 있다는 것도 보면 알 수 있지요. 전쟁이 일어날지도 모른다는 우려에 (액면가의) 180%나 떨어졌던 주가가 선포 이후로는 다시 100%가 올랐다는 사실에 주목해야 한다고도 말했죠…….

다만 풍요로운 사람이든 근근이 살아가는 사람이든 가리지 않고, 그토록 많은 사람의 벌이 수단이 되던 두카톤 투기가 불시에 끝난 것이 참으로 애석할 따름입니다.

이 나무는 워낙에 뿌리를 많이 내리고 있었기에, 첫 번째 폭풍우에 뿌리째 뽑힐 거라고는 생각지도 못했지요. 한 번의 폭풍우에 이름도, 꿈도, 사람도, 부도, 평판까지도 전멸했습니다. 그렇게 높았던 가격이 갑작스럽게 대폭락한 것은 참으로 슬픈 재앙이 아닐 수 없지요.

율리우스 카이사르는 수학자 소시게네스의 도움으로 일관적이지 않았던 음력을 1년에 365일 6시간이 있는 일관된 천체력으로 바꿨고, 춘분과 추분을 매년 같은 날로 정했지요. 그러면서 모든 축제일을 바꾸고 윤달 두 개도 집어넣어야 했기에, 율리우스력으로 바꾼 해는 애초에 '혼돈의 해'라고 불렸습니다.

두카톤 투기꾼들은 9월 첫째 날에는 거래 청산을 완료해야 한다는 것을 알고 있었습니다. 또한 그들은 천문학자가 계절을 변경해주기를 원했고, 9월 결제를 11월까지 연장할 수 있기를 원했지요. 그쯤 가서 가격이 회복하고 불안감을 없앨 수 있을지 보려는 마음에서였지요.

그러나 그들은 원했던 목표는 확보하지 못했지만, 그로 인한 파급 효과는 달력이 바뀌었을 때와 마찬가지였습니다. 이 해 역시 '혼돈의 해'였거든요. 불운을 맞은 많은 투기꾼은 현재의 위기가 미로 속의 미로고, 공포 속의 공포며, '혼돈 속의 혼돈'이라고 한목소리로 외쳤으니 말입니다…….

마음이 아파 정신이 흐트러지니 이번 담론은 여기서 중단할까 합니다. 이 유명한 회사의 발전사를 설명한 것은 내가 여러분에게 보이는 우정의 표시니 호의적으로 받아 주기를 부탁하는 바입니다.

1594년에 배 몇 척이 항해를 시작했고, 1602년에는 네덜란드 공화국 의회가 법령을 반포하면서 회사가 설립되었지요. 그리고 포르투갈 상선과 스페인 상선들의 무수한 방해를 이겨내고, 회사는 수많은 왕국을 정복했지요. 그리고 수많은 왕에게서 공물을 받아낼 수 있었고, 지금도 받고 있습니다…….

지도에는 테라 인코그니타, 그러니까 미지의 영역 주변부로 미세하게 점선이 그려져 있지요. 나는 거래소에서 아직 발견하지 못한 수없이 많은 비밀스러운 움직임을 찾아내려고 지리학자가 쓰는 방법을 사용합니다. 가느다란 선을 그려가면서 계속해서 반대를 제시하다 보면, 새로운 조사 내용이 나오면서 무언가 실마리를 얻게 될 테니까요.

두 분은 내 친구이니, 내 설명에 부족한 부분이 있더라도 너그럽게 봐주세요. 그리고 식견을 갖춘 사람으로서, 내 설명에서 잘못된 부분들을 바로잡아 주시기를 바랍니다.

상인 : 자세한 설명에 감사드립니다. 나는 주식 거래는 존중하지만 도박은 질색입니다. 내 능력으로는 그렇게 복잡한 거래는 꿈도 꾸지 못할 것 같습니다. 투기에 대해 알고 싶다는 마음이 들었을 때 정신을 똑바로 차리고 듣지 않았더라면, 내가 거래소에서 거래가 수행되는 방식만을 중요하게 여긴다고 생각하셨을 수도 있을 것 같군요.

주식 보유자가 된다거나 (주식을) 정직한 방식으로 거래하는 건 행여라도 가능성이 있지만, 내가 투기꾼이 될 일은 결단코 없을 것 같군요.…….

철학자 : 그건 나도 마찬가지일 것 같습니다. 위험을 견뎌내고 폭풍우를 이겨내기에는 내 나이가 너무 많으니까요. (일전에 있던 가격 폭락이 지나가고) 내가 평화롭게 빠져나오게 된 것을 신께서 기뻐하시게 될 때까지는 주식을 계속 보유하고 있어야겠습니다. 부를 쌓기 위해서가 아니라 오직 나 자신을 지키기 위해서라도 말입니다…….

모든 철학 학파는 영혼이 육신보다 숭고하고, 삶이 죽음보다 숭고하며, 실재하는 것이 실재하지 않는 것보다 숭고하다고 가르칩니다. 그러나 주식 거래에 있어서만큼은 존재하지 않는 것이 존재하는 것보다 낫다는 플라톤 학파 음악가의 역설적 견해에 찬성하는 바입니다.

이왕지사 투기꾼이 되지 않는 것이 훨씬 낫기야 하겠지만 (그런 말을 한다는 자체가) 정직한 주식 거래가 아니라 진짜 투기를 염두에 두고 있다는 뜻이 되겠지요.

공정하고 정직한 주식 거래라는 게 오히려 투기보다도 더 미심쩍어 보이는군요…….

1688, 세계 최초의 주식투자 설명서!

혼돈 속의 혼돈

지은이 조셉 드 라 베가

옮긴이 조성숙 감수 김영익

등록번호 제 313-2005-00129호 등록일 2005년 6월 18일

주소 경기도 고양시 일산동구 정발산로 24, 웨스턴돔타워 T4-414호

전화 031-907-7093 팩스 031-907-7094

이메일 smartbiz@sbpub.net

ISBN 979-11-6343-055-1 03320

초판 1쇄 발행 2023년 10월 17일

초판 2쇄 발행 2023년 11월 7일

주식 고수는 투자 정보를
어디서, 무엇을, 어떻게 찾나?

네이버 증권

네이버 증권으로 배우는
'주식 투자 실전 가이드북!'

▶ 기본적 분석, 기술적 분석, 심리적 분석까지
네이버 증권이면 충분하다!

알렉스 강 지음 | 대국전 | 308쪽 | 값 25,000원

금과 부동산이 100% 오를 때,
200% 오른 수익률 1위

해외 ETF 백과사전

가장 쉽고 확실하게 수익 내는
'천하무적 재테크!'

▶ 주식은 무섭고, 고수익은 탐나고, 어쩌면 좋죠?
정답은 바로, 해외 ETF 투자!

김태현 지음 | 대국전 | 336쪽 | 값 25,000원

연금처럼 투자해서
인생이 즐거워지는

중국 배당주 투자

배당주 투자의 주 수익은 배당금이고,
'시세 차익은 덤'이다!

▶ 중국 배당주 투자로 내재 가치와 안전마진이라는
두 마리 토끼를 한 번에 잡아라!

정순필 지음 | 신국판 | 276쪽 | 값 19,400원